교사를 위한

아들러 심리학

| 유리향 · 선영운 · 오익수 공저 |

학지사

머리말

"도대체 학생들이 왜 이렇게 행동하는지 모르겠어요. 정말 속상해요."

"저는 교사로서 최선을 다했는데 학생들이 변하지 않아요. 어떻게 해야 할까요?"

"학생들의 이야기와 바람을 다 들어주고 학생 편에서 학급을 경영했는데, 오히려 학급이 엉망이 돼 버렸어요. 이전처럼 다시 무서운 선생님이 되어야 할까요?"

"학생들의 거친 말과 행동이 저에게 큰 상처가 돼요. 교사로서 어떻게 대처해야 할지 모르겠어요."

이와 같은 교사들의 질문과 고통스러운 호소에 아들러 심리학으로 대답할 기회가 주어져서 매우 감사드린다. 불완전할 용기, 미움받을 용기, 격려, 사회적 관심, 공동체감……. 아들러가 우리에게 들려주는 그의 철학은 끊임없는 경쟁과 두려움, 불안에 휩싸인 시대를 살아가는 우리에게 큰 용기와 위로를 가져다준다. 게다가 아들러 심리학은 학교 현장에서 갈팡질팡하며 헤매는 교사들에게 민주적이고 혁신적인 교육의 방향을 분명하게 제시해 준다. 이런 의미에서 학생과 교사의 행복한 학교생활을 돕기 위한 『교사를 위한 아들러 심리학』이 세상에 선보이게 된 것을 매우 기쁘게 생각한다.

급변하는 학교 문화와 교육 정책, 학생 인권, 학교 폭력, 학교 안전, 혁신 교육 등 교사를 둘러싼 다양한 변화와 요구 속에서 다소 지치고 낙담한 교사들은 새로운 문제해결전략과 돌파구를 찾기 위해 온갖 노력을 하고 있다. 이 책은 교사들이 민주적으로 학생을 지도하도록 돕기 위한 아들러 심리학의 핵심 개념과 실제적인 기법이 담겨 있다. 특히 아들러 심리학은 혁신학교, 학급긍정훈육법, 민주적 교육, 회복적 생활교육의 철학적 뿌리이기 때문에 이러한 교육을 실천하는 교사들이 실제 교육 현장에서 부딪히는 한계점과 궁금함을 해결하는 길잡이가 될 것이다.

아들러는 기존의 교실에서 교사 주도적으로 이끌었던 수직적이고 권위적인 방식에서 벗어난 새로운 교사의 모습을 제시하고 있다. 즉, 민주적인 방식으로 교육 공동체를 만들어 가고, 격려로 학생의 동기를 유발하며, 자신에 대해 불완전할 용기가 있는 교사가 되도록 이끈다. 또한 학생을 이해하기 위한 효과적인 의사소통 기술을 사용하고, 처벌 대신 선택과 결과로 훈육하도록 안내한다.

학생들은 교실이라는 집단 내에서 자신의 위치를 찾고 소속감을 느끼기 위해 다양한 방식으로 행동하는 것을 선택한다. 아들러 심리학의 관점은 학생의 문제 행동을 병리적 현상으로 보고 그 행동을 교정하는 데 중점을 둔 기존의 생활지도 및 훈육 방식과는 다르다.

또한 관찰 가능한 표면적인 문제 행동에만 초점을 두고, 그 행동의 이면에 숨겨진 학생의 목적을 인식하지 못했던 이전의 교육 방식과도 분명한 차이가 있다. 무엇보다 학생의 현재 행동은 학생이 선택한 최선의 결과라고 존중하며, 학생을 동등한 인격체로 평등하게 대한다. 이 책에서는 학생의 잘못된 행동 그 자체보다는 행동의 목적과 동기를 통찰할 수 있는 이론과 방법을 소개하며, 장기적 행동 목적인 생활양식에 대한 개념과 평가 방법을 구체적으로 제시하고 있다. 아들러 심리학에 관심을 가지고 매력을 느낀 교사들은 자신과 학생들의 의미 있는 행동의 변화를 찾고 민주적인 학급을 경영하기 위해 격려하기, 논리적 결과, 학급회의 방법을 배우고 적용할 수 있게 된다.

저자들은 교사가 교실 상황에서 아들러 심리학을 쉽게 적용할 수 있도록 여러 번의 회의를 거쳐서 내용을 구성하고 수정하였다. 이 책은 총 8장으로 이루어졌다. 책의 초반부인 제1장과 제2장에서는 아들러 심리학이 교사에게 필요한 이유와 아들러 심리학에서 바라본 인간의 본성을 다룬다. 제1장에서는 급속하게 변화하고 있는 교육 현장의 혁신적인 정책과 흐름을 소개한다. 즉, 학생 인권 강화 및 민주적 공동체를 위한 학교 패러다임의 변화, 혁신학교 강화, 학교 민주주의를 설명한다. 그리고 민주적 리더십을 위한 교사들의 노력인 상담, 회복적 생활교육, 학급긍정훈육법의 이론적 바탕이 되는 아들러 심리학이 교사에게 필요한 이유를 언급한다. 제2장에서는 불완전한 존재, 목적론적 존재, 창조적 존재, 사회적 존재, 통합적 존재로서의 인간의 본성을 설명한다.

중반부인 제3장부터 제5장까지는 아들러 심리학이 지향하는 민주적 교사의 특징을 소개하고, 학생의 동기 수정과 생활양식에 대한 평가를 다룬다. 제3장에서는 아들러를 실천하는 교사가 되기 위해 Crucial Cs를 중심으로 학급 경영하기, 행동 수정보다는 동기 수정하기, 효과적으로 의사소통하기, 칭찬보다는 격려하기, 처벌보다는 결과로 훈육하기, 개인보다는 학급 전체를 지도하기와 같은 민주적 교사의 역량을 설명한다. 제4장에서는 교사가 학생의 행동 목적을 이해하고, 학생이 자신의 행동 목적을 알아차리도록 도우며, 동기를 수정하는 기법을 구체적으로 다룬다. 제5장에서는 생활양식의 개념과 유형을 설명하고, 생활양식을 평가하는 다양한 방법을 소개한다.

후반부인 제6장부터 제8장까지는 실제적인 기법으로 격려하기, 논리적 결과, 학급회의를 소개한다. 제6장에서는 격려의 개념을 소개하고, 칭찬과 격려의 차이점과 구체적인 격려의 방법을 설명한다. 제7장에서는 자연적 결과와 논리적 결과의 개념을 소개하고, 학급회의를 통한 논리적 결과의 구체적인 사용 방법을 소개한다. 제8장에서는 민주적 교실의 꽃인 학급회의의 기능과 이점, 그리고 운영의 실제를 구체적으로 다룬다.

아마도 이 책은 교육 현장에서 처음 학생을 지도하는 신규 교사에게 가장 큰 도움이 될 것이다. 또한 각종 연수 및 대학과 대학원의 교재로 활용될 수 있고, 아들러 심리학에 관심이 있는 교사에게 학급 경영과 생활 지도에 관한 구체적인 지침서가 될 수 있을 것이다. 아무쪼록 이 책이 널리 활용되어 우리나라 교육 현장에서 더 많은 교사와 학생이 격려받고 행복해지기를 바란다.

바쁜 일정 속에서도 이 책을 출판할 수 있었던 이면에는 아들러 심리학을 실제 삶에서 실천하고자 노력하는 '초등 아들러 심리학 연구회' 회원들의 보이지 않는 공동체감과 격려가 크게 작용했다. 우리 연구회는 2017년 아들러 심리학의 '격려'를 교육 현장에서 실천한 사례집인 『격려하는 선생님』을 출간했다. 이러한 격려 실천 사례의 이론적 기반을 설명하고, 향후 더욱 창의적이고 발전된 아들러 심리학의 실천 사례를 위해 이 책이 기여하길 희망한다. 끝으로 이 책의 출판을 허락해 주신 학지사 김진환 사장님과 편집을 담당하신 안정민 선생님께도 진심 어린 감사의 마음을 전한다.

2018년 6월
저자 일동

차 례

제1장
아들러 심리학이 교사에게 필요한 이유

"민주적인 분위기 속에서 아이들은 현재 배우고 있는 것보다
훨씬 더 발전된 기술을 배울 수 있다."

– Dreikurs, Grunwald, & Pepper(1998) –

학생인권조례 제정, 체벌 금지, 중간·기말고사 폐지, 상벌점제 폐지 추진 등 공교육제도 안에서 변화의 바람이 불고 있다. 이와 같은 변화는 지시와 통제 중심의 전통적인 학교 패러다임을 밀어내며 새로운 학교 패러다임의 등장을 촉구하고 있다. 이러한 흐름 속에서 권위적인 방식으로 학생들을 통제하려는 교사의 태도는 점점 설자리를 잃어 가는 형국이다.

전통적인 학교 시스템에 익숙한 교사들은 어떻게 기존의 방식에서 벗어나 학생들을 지도할지 상당한 혼란과 어려움을 호소한다. 한편으로는 새로운 학교 패러다임에 적합한 지도 방식을 찾기 위해 다방면으로 노력을 아끼지 않는 교사들도 적지 않다. 아들러 심리학은 변화의 한가운데에서 나아갈 길을 찾아 헤매는 교사들에게 귀중한 나침반을 제공해 준다. 아들러 심리학에서 권장하는 교사의 태도와 지도 방식은 새로운 학교 패러다임에 매우 잘 들어맞기 때문이다. 이것이 바로 지금의 교사들에게 아들러 심리학이 필요한 이유이다.

이 장에서는 현재 드러나고 있는 새로운 학교 패러다임과 그에 따른 교사들의 노력에 대해 살펴본 다음, 지금 시점에서 교사들에게 왜 아들러 심리학이 필요한가에 대해서 구체적으로 살펴보고자 한다.

1. 학교 패러다임의 변화

1) 학생인권의 강화

1991년 우리나라는 유엔아동권리협약에 비준했다. 이는 우리나라의 모든 아동과 청소년의 인권이 보호받을 수 있도록 국가 차원에서 노력을 기울이겠다는 약속을 의미했다. 그러나 학교는 공적인 기관으로서 학생의 인권 보호에 모범이 되어야 할 장소임에도 오랜 기간 동안 인권의 사각지대를 유지했다. 특히 인권에 명백히 위배되는 체벌은 학생을 통제하는 주요 수단으로 학교에서 버젓이 사용되었다. 아직 인격적으로 미숙한 학생을 바른 길로 이끌어 주기 위해서는 체벌이 불가피하다는 생각이 사회적으로 팽배했기 때문이었다. 체벌뿐만 아니라 두발 제한, 소지품 검사 등 학생의 인권을 침해하는 모습이 생활지도의 명목 아래 자연스럽게 행해졌다. 체벌을 비롯한 반인권적 학생 지도 방식은 지시와 통제 중심의 전통적인 학교 패러다임에 잘 맞아떨어졌다. 전통적인 학교 패러다임 안에서 강압적인 통제 방식은 활개를 쳤으며 학생의 인권은 보호받지 못했다. 이는 불과 10여 년 전까지만 해도 학교에서 공공연하게 벌어지던 일이었다.

그러나 2000년대에 이르러 학생인권 강화에 대한 사회적 목소리가 꾸준히 증가하기 시작했다(조금주, 2016; 홍석노 외, 2015). 2010년대에 접어들어서는 경기도교육청을 필두로 하여 광주, 서울, 전라북도 등 4개 교육청에서 학생인권조례를 제정하기에 이르렀다. 또한 2011년에는 직접체벌을 명시적으로 금지하는 「초중등교육법 시행령」 개정이 이루어졌다(조국, 2013).

학생인권의 법제화는 학교에 중요한 변화를 가져왔다. 과거에 당연하게 여겨졌던 학교 운영과 학생 지도 방식이 학생인권의 잣대로 재평가되기 시작했다. 이를 통해 학생인권에 반하는 강압적인 통제 수단은 점차 학교에서 설 자리를 잃게 되었다. 그 빈자리를 인권친화적인 요소들로 채우는 것은 이제 학교의 중요한 과제가 되었다.

그러나 학교 현장에서 학생의 인권을 강화해 가는 것은 생각만큼 순탄치 않아 보인다. 가장 큰 이유는 우리의 학교가 아직 지시와 통제 중심의 전통적인 학교 패러다임에서 벗어나고 있지 못하기 때문이다. 기존의 학교 패러다임에 젖어 있는 사람들은 학생들의 인권을 모두 존중하다가는 학교의 질서가 무너져 버릴 수 있음을 우려한다. 전통적인 학교 패러다임 안에서는 통제가 질서 유지의 중요한 수단이 되는데, 학생인권 강화는 학생에 대한 통제력을 약화시켜 학교 질서에 위협적인 요소가 되어 버리기 때문이다. 따라서 기존의 학교 패러다임 안에서 성공적으로 인권친화적인 학교 문화를 정착시키는 것은 매우 어려운 일이라 할 수 있다. 이에 따라 학생인권이 학교 안에서 충분히 존중받기 위해서는 학교의 패러다임도 함께 바뀌어야 한다는 목소리가 힘을 얻고 있다. 이러한 분위기 속에서 학교 패러다임은 지시와 통제의 모습에서 벗어나 학생인권 존중에 적합한 새로운 모습으로 전환될 조짐을 보이고 있다.

2) 새로운 학교 패러다임: 학생의 행복과 성장을 위한 민주적 공동체

(1) 경기도교육청의 학교 패러다임 모델

학교의 변화 분위기 속에서 경기도교육청이 내놓은 학교 패러다임 모델(김상곤, 2013)은 꽤 주목할 만하다. [그림 1-1]에 나타난 바와 같이 경기도교육청은 학교 패러다임의 변화 양상을 구체적으로 묘사했다. 이 모델에 따르면 전통적인 학교는 학생을 위한 공동체라기보다 행정을 중심으로 움직이는 관료주의적 조직체계에 가깝다. 학교의 질서는 지시와 통제를 통해 유지되고, 학생들은 성적을 위한 경쟁에 내몰린다. 이 안에서 발생하는 책임은 대부분 공동이 아닌 개인에게 나누어 부과된다. 학생인권을 존중하는 문화가 피어나기에 참으로 척박한 환경이라 할 수 있다. 이러한 환경에서 학생들의 행복과 참성장이 나타나는 것은 대단히 어려운 일이다.

과거형 패러다임과 대조적으로 새로운 학교 패러다임은 학생의

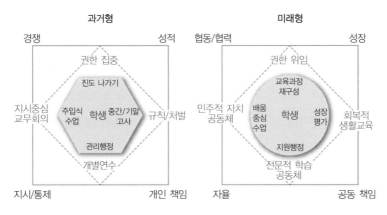

[그림 1-1] 경기도교육청의 학교 패러다임의 변화 모델

성장을 목표로 하는 공동체를 추구한다. 성적을 위한 경쟁 분위기보다는 모두의 성장을 위한 협동의 분위기를 권장한다. 학교는 위계적 관료 조직이 아닌 하나의 공동체로서 학교 안의 문제에 모든 구성원이 공동의 책임을 갖는다. 이에 따라 학교의 질서는 권위자에 의한 지시와 통제가 아닌 민주적 자치에 의해 유지된다.

경기도교육청이 제시한 미래형 학교 패러다임 모델의 핵심 특징은 성적에 앞서 학생의 '행복과 성장'을 주 목표로 삼는다는 것과 이를 위해 '민주적 공동체'로서의 학교를 지향한다는 점이다. 민주적 공동체에서는 모든 구성원의 사회적 평등을 전제로 하기 때문에 학생인권을 존중하는 문화가 자연스럽게 뿌리내릴 수 있다. 또한 지시와 통제가 없이도 민주적 절차를 통해 충분히 학교의 질서를 유지해 갈 수 있다. 민주적 공동체로서의 학교는 「교육기본법」에서 명시한 "민주시민으로서 필요한 자질을 갖추게 하는" 교육 목적에도 부합한다고 볼 수 있다.

(2) 시 · 도교육청의 교육정책

학교 패러다임의 변화는 경기도에서만 일어나고 있는 것이 아니다. 우리나라 시 · 도교육청들의 2017학년도 교육정책을 살펴보면 학교 패러다임의 변화 움직임이 전국적으로 일어나고 있음을 감지할 수 있다. 예컨대, 대다수 교육청에서 학생의 행복을 최상위 교육목표로 삼는다. 예를 들면, 서울은 "모두가 행복한 혁신 미래교육"을, 부산은 "함께 만드는 행복한 교육"을, 세종은 "새로운 학교, 행복한 아이들"을 교육정책의 슬로건으로 내건다.

또한 많은 시 · 도교육청은 학생의 인권이 더욱 존중받을 수 있는 학교 문화를 정착하기 위한 의지를 교육정책에 반영하고 있다. 이러한 모습은 학생인권조례가 아직 제정되지 않은 시 · 도에서도 나타난다. 예컨대 충남은 "인권이 존중되는 안전한 학교", 강원은 "교사와 학생이 서로의 인권을 존중하는 학교", 제주는 "평화 · 인권교육 강화"를 교육정책의 기본 방향에 포함시키고 있다.

한편 학교를 민주적 공동체로 변화시키려는 노력도 여러 시 · 도교육청의 교육정책에서 찾아볼 수 있다. 예를 들면, 세종은 "민주적 학교, 자율 · 협력의 생활공동체", 경남은 "소통과 공감의 교육공동체", 충북은 "참여소통 · 협력의 교육공동체" 등의 내용을 교육정책의 기본 방향에 담고 있다.

이처럼 우리나라 시 · 도교육청의 교육정책에는 학생들의 인권과 행복이 존중될 수 있는 민주적 공동체로서의 학교를 구축하려는 의지가 반영되어 있다. 이러한 모습은 경기도교육청에서 제시한 학교 패러다임의 변화와 흐름을 함께한다. 이와 같은 교육정책은 우리의 학교가 전통적인 패러다임에서 탈피하여 새로운 모습으로 변화하는 전환기에 접어들었음을 암시한다. 그 방향은 학생의 행복과 성장을 목표로 하는 민주적 공동체로 향하고 있다.

3) 혁신학교의 확산

학교 패러다임의 변화 움직임이 교육정책에만 머무른다면 그것은 아무런 의미가 없다. 학교 패러다임이 변화하고 있다고 말하기 위해서는 반드시 학교 현장에서도 그 움직임을 확인할 수 있어야 한다. 다행스럽게도 교육정책과 적절히 맞물려 학교 차원에서도 변화의 흐름이 함께 나타나고 있다. 그것은 바로 혁신학교의 등장과 확산으로 드러난다.

2009년 경기도에서 시작된 혁신학교는 공교육 개혁을 위해 학교 구성원들의 노력과 교육청의 지원이 결합된 새로운 학교 모델이다(이승호, 2017). 혁신학교는 운영 성과에 대한 긍정적인 평가를 바탕으로 2011년부터 경기도를 넘어 전국으로 확산되기 시작했다. 2017년 현재 14개 시도에서 1,000여 개의 혁신학교가 운영 중에 있으며 앞으로 더욱 확산될 전망이다.

경기도교육청에 따르면 혁신학교란 공공성, 창의성, 민주성, 역동성, 국제성을 기본가치로 하고, 민주적 자치공동체와 전문적 학습공동체를 구성하여 창의지성교육을 실현하는 공교육 혁신의 모델학교이다(백병부, 성열관, 하봉운, 2014). 이 정의에서 드러나듯이 혁신

학교는 민주주의를 학교 운영의 주요 가치로 삼으며 민주적 자치공동체로서의 학교를 추구한다. 여기서 민주적 자치공동체란 모든 구성원들이 민주적 절차를 통해 함께 학교의 비전과 교육목표를 설정하고 그것을 위해 함께 실천하는 학교를 일컫는다. 또한 학생들에게도 적극적인 자치 활동을 보장하여 학교 안에서 민주주의 원리를 경험하게 하고, 민주적인 사회를 꾸려 나아갈 수 있는 자치적인 역량을 함양하도록 다양한 교육 활동을 펼치는 것을 의미한다(김덕년 외, 2013).

민주주의의 원리에 기초를 둔 혁신학교의 운영은 학교 현장에 민주적으로 소통하고 협력하는 문화를 정착시키고 있다. 교사뿐만 아니라 학생들도 혁신학교 안에서 '일상의 민주주의'를 경험하며 민주시민의 자질을 길러 간다(서용선, 2016). 또한 교사와 학생의 관계도 민주적이고 공동체적인 관점에 입각한 관계로 변화시키려는 노력이 혁신학교 안에서 꾸준히 이루어지고 있다(백병부 외, 2014).

앞에서 다루었듯이 학교는 지시와 통제의 조직체계에서 민주적 공동체로 변모하는 패러다임의 전환기에 놓여 있다. 혁신학교는 민주적 공동체로서의 학교를 적극적으로 실천하고 있다는 점에서 새로운 학교 패러다임의 모습을 반영한다고 볼 수 있다. 혁신학교가 전국적으로 확산되는 양상은 학교 패러다임의 변화가 본격적으로 가시화되고 있으며 앞으로 더욱 가속화될 가능성을 의미한다.

4) 학교 민주주의

지금까지 살펴본 바에 따르면 민주주의는 새로운 학교 패러다임을 특징짓는 핵심 요소이다. 이는 통제와 경쟁의 분위기가 걷어지고 자율과 협력을 기반으로 한 민주적인 분위기가 학교 깊숙이 뿌리내렸을 때 학생들이 더 잘 성장할 수 있음을 전제로 한다.

새로운 패러다임에서 학교는 모든 구성원이 민주주의를 적극적으로 실천하는 장이라 할 수 있다. 따라서 학교 곳곳에서 민주주의가 얼마나 실천되고 있는가는 학교 혁신의 정도를 가늠하게 하는 매우 중요한 요소이다. 이와 같은 입장에서 학교 민주주의를 평가하려는 움직임이 시·도교육청 차원에서 일어나고 있다. 먼저 광주광역시교육청은 '학교 민주인권친화지수(안진 외, 2012)'를 개발하여 학교 현장의 민주주의와 인권친화 정도를 측정할 수 있는 도구를 마련했다. 이후 광주광역시 소재 초·중등학교 학생과 교직원을 대상으로 학교 민주주의와 인권친화 정도에 대한 실태조사를 꾸준히 실시해 오고 있다. 한편, 경기도교육청은 학교 민주주의에 더욱 초점을 두고 '학교민주주의 지수(장은주 외, 2015)'를 개발했다. 이는 학교 문화, 학교구조, 민주시민교육 실천 등 세 영역에 걸친 민주주의를 평가하는 데 사용된다. 경기도교육청은 이 지수를 사용하여 해년마다 학교 현장의 학교 민주주의를 조사하고 있으며 그 결과를 교육정책의 방향 설정을 위한 기초자료로 활용하고 있다.

민주적 학교로의 변화 움직임은 비단 우리나라에서만 일어나는 현상이 아니다. 외국에서도 민주적 방식의 학교 운영이 활발히 시도되고 있으며 성공적인 사례가 보고되고 있다(Apple & Beane, 2015; Robinson & Aronica, 2015). 또한 교육 분야의 저명한 석학들도 학교에서 민주주의의 실천을 강력히 지지한다. 예컨대, 넬 나딩스는 그의 저서인『21세기 교육과 민주주의』에서 미래의 학교는 구시대적인 관료적 사고방식에서 벗어나 구성원들의 참여, 상호 존중, 협력을 촉구하는 민주주의의 요람이 되어야 함을 강조한다(Noddings, 2016). 학교 혁신에 대한 담론을 주도하는 대표적인 학자인 앤디 하그리브스와 데니스 셜리도『학교교육 제4의 길』에서 미래의 학교에서는 관료주의가 축소되고 민주주의가 활력을 얻게 될 것임을 예견한다(Hargreaves & Shirley, 2015).

한편 마이클 애플은『마이클 애플의 민주학교: 혁신 교육의 방향을 묻는다』에서 학교는 민주적인 생활 방식이 실현되는 '민주학교'가 되어야 함을 역설한다(Apple & Beane, 2015). 애플에 따르면 민주학교란 학교의 모든 구성원이 공동체의 일원으로서 의사결정에 참여할 수 있는 민주적 구조와 과정을 갖춘 학교이다. 또한 민주학교는 학생들에게 민주적인 경험을 제공할 수 있는 교육과정을 만들어 내기 위해 힘쓴다. 애플은 또한 이 책에서 여러 민주학교의 성공적인 사례를 소개하고 있다.『아이의 미래를 바꾸는 학교혁명』의 저자인 켄 로빈슨도 민주학교의 사례를 소개하면서 민주적 방식의 학교 운영이 공립학교의 혁신을 이끄는 중요한 방법이 될 수 있음을 보여 준다(Robinson & Aronica, 2015).

2. 민주적 리더십을 위한 교사들의 노력

학교에서 교사는 학생들과 직접적인 상호작용을 통해 학생들에게 결정적인 영향력을 행사하는 존재이다. 따라서 학교 패러다임의 전환에는 필연적으로 교사의 지도 방식에 대한 변화 요구가 뒤따를 수밖에 없다. 앞서 살펴보았듯이 학교는 지시와 통제 중심의 조직체계에서 벗어나 민주적 공동체를 향한 움직임을 꾀하고 있다. 이러한 패러다임의 변화는 교사들에게 지시와 통제로 대변되는 전통적인 지도방식에서 탈피하여 사회적 평등과 상호 존중에 바탕을 둔 민주적 리더십을 갖출 것을 강력히 촉구한다.

기존의 지도방식에 이미 익숙해 있는 교사들에게는 학교 패러다임의 변화와 새로운 리더십에 대한 요구가 마냥 달갑지만은 않을 것이다. 일부 교사들은 과연 기존의 지도방식에서 벗어나 민주적 리더십으로 교실의 질서를 유지할 수 있을지에 대해 의구심을 표하기도 한다. 한편으로는 민주적 리더십의 필요성에 동의한다고 해도 많은 교사가 그것을 실천하는 것에 대해 큰 부담과 어려움을 호소한다. 민주적 리더십에 필요한 역량을 갖추고 그것을 실제로 학생들에게 적용하는 것에는 생각보다 많은 노력이 요구되기 때문이다.

그럼에도 민주적인 리더십을 갖추기 위해 노력을 기울이는 교사가 늘고 있는 것은 참으로 다행스러운 일이다. 이를테면 많은 교사들이 상담의 이론과 기법을 익혀 학생 지도에 사용하려고 노력하고 있다. 최근에는 회복적 생활교육(Restorative Discipline)과 학급긍정훈육법(Positive Discipline in the Classroom: PDC)이 교사들 사이에서 커다란 관심을 받고 있다. 상담, 회복적 생활교육, 학급긍정훈육법의 공통점은 교사와 학생이 서로 동등한 관계에서 문제를 함께 해결하려는 태도에 바탕을 둔다는 점이다. 이는 곧 민주적인 리더십의 추구를 의미한다고 볼 수 있다. 여기에서는 교사의 민주적 리더십과 밀접한 관련이 있는 상담, 회복적 생활교육, 학급긍정훈육법에 대해 간단히 살펴보도록 하겠다.

1) 상담

OECD에서 주관한 '국제 교수-학습조사(TALIS 2013)' 결과에 따르면 교과지식, 교수법, 교육과정 등과 같은 여러 전문성 개발 영역 가운데 우리나라 교사들이 가장 강한 열의를 보이는 곳은 바로 '학생 상담'이었다. 조사에 응한 3,300여 명의 교사 중 42.6%가 학생 상담 역량을 갖추기 위해 전문성 개발 활동에 참여하고 있다고 응답했다(한국교육개발원, 2017). 실제로 많은 교사들이 교육대학원 상담전공 과정에 진학하거나 직무연수 등을 통해 상담을 배우고 있다(김창오 외, 2010). 교사들이 상담을 배우려 하는 가장 큰 이유는 전통적인 학생 생활지도 방식에 대한 대안을 상담 이론과 기법에서 찾을 수 있을 것으로 여기기 때문일 것이다.

상담 이론과 기법을 생활지도에 적용하려는 시도는 새로운 학교 패러다임과 그에 상응하는 교사의 민주적 리더십에 매우 잘 들어맞는다고 할 수 있다. 상담은 기본적으로 상담자와 내담자 사이의 민주적인 관계를 지향하기 때문이다. 상담은 상담자가 내담자를 일방적으로 이끌어 가는 활동이 아니라 함께 노력하는 과정이다(노안영, 2005). 이에 따라 평등성(equality)을 기반으로 하는 상담관계는 성공적인 상담 효과를 위한 필수적인 조건으로 인식되고 있다(박성희, 2000; 최한나, 2010). 따라서 상담의 원리를 학생들에게 적용하기 위해서는 무엇보다도 사회적 평등에 기초한 교사-학생 관계가 전제되어야 한다. 서로 평등한 관계 속에서 학생들의 성장을 위해 학생들과 함께 노력하는 교사의 모습은 새로운 학교 패러다임이 요구하는 민주적 리더십에 매우 부합한다고 할 수 있다.

2) 회복적 생활교육

민주적 리더십을 실천하기 위한 교사들의 노력은 회복적 생활교육을 통해서도 접근되고 있다. 회복적 생활교육은 경기도교육청에 의해 정책적으로 추진되기 시작한 이래 기존의 생활지도 방식에 대한 대안으로 교사들에게 큰 관심을 받고 있다. 이에 따라 회복적 생활교육을 소개하고 구체적인 실천 방법을 안내하는 서적들이 꾸준히 등장하고 있으며(경기도교육청, 2014; 박숙영, 2014; 정진, 2016), 회복적 생활교육의 긍정적인 효과를 보고하는 연구도 점차 늘어나는 추세이다(강인구, 김광수, 2015; 김은아, 2017; 정민주, 김진원, 서정기, 2016).

회복적 생활교육이란 사법 분야에서 시도되고 있는 회복적 정의(Restorative Justice)를 학교에서 교육적으로 적용하려는 접근 방식이다. 회복적 정의는 사회 정의 실현에 대한 전통적인 입장인 응보적 정의에 대별되는 개념이다. 응보적 정의는 가해자에게 피해자가 받은 만큼에 상응하는 벌이 주어져야 정의가 실현될 수 있다는 신념을 바탕으로 하는 반면, 회복적 정의는 발생한 피해가 그 당사자들과 공동체 구성원들의 참여를 통해 회복되었을 때 정의가 이루어질 수 있다는 입장을 전제로 한다. 회복적 생활교육은 회복적 정의의 입장에서 잘못을 저지른 학생에게 벌을 주어 문제를 해결하기보다는 학생들이 갈등 해결을 위해 함께 참여하고 관계 회복을 위해 스스로 노력하는 과정을 지향한다. 이에 따라 회복적 생활교육은 ① 갈등으로 인하여 관계가 손상되었을 때, ② 갈등 당사자들에게는 관계의 회복이라는 책임과 의무가 주어지며, ③ 관계 회복 과정에는 갈등 상황과 관련된 모든 사람이 참여하여야 하고, ④ 대화를 통해 문제를 해결하고 관계를 회복하는 방안을 찾는 것을 원칙으로 한다(경기도교육청, 2014).

회복적 생활교육은 공동체로서의 학교를 추구하고 공동체 안에서 일어나는 문제를 서로 협력하여 해결한다는 점에서 민주적 공동체를 지향하는 새로운 학교 패러다임에 잘 들어맞는다. 또한 회복적 생활교육의 기반이 되는 핵심 가치인 존중, 자율, 관용, 조화, 통합 등(Hopkins, 2004)도 민주적 공동체가 추구하는 가치와 일치한다. 따라서 회복적 생활교육을 위해 힘쓰는 교사의 모습은 결국 새로운 학교 패러다임에서 요구하는 민주적 리더십의 실천과 크게 다르지 않다.

3) 학급긍정훈육법

학교 패러다임의 변화에 발맞추기 위해 교사들이 주목하고 있는 또 하나의 방법은 바로 학급긍정훈육법이다. 『학급긍정훈육법: 친절하며 단호한 교사의 비법』(Nelson, Lott, & Glenn, 2014)이 출간된 이래 학급긍정훈육법에 대한 관심이 교사들 사이에서 점차 커지고 있다. 이에 따라 학급긍정훈육법의 구체적인 실천 방법을 소개하는 도서와 교사 직무연수가 꾸준히 증가하는 추세이다. 많은 교사들이 학급긍정훈육법을 배워 교실에서 실천하기 위해 노력하고 있는 것으로 보인다.

학급긍정훈육법은 제인 넬슨과 린 로트가 아들러 심리학에 이론적 근거를 두고 교사들을 위해 만든 학급 운영 매뉴얼이다(Nelson et al., 2014). 학급긍정훈육법은 학급 구성원들이 서로 존중하고 협동하며 책임감을 기를 수 있는 민주적인 교실 분위기를 추구한다. 이에 따라 처벌을 강력히 지양하고, 존중과 협력의 분위기 속에서 함께 문제를 해결할 수 있는 의사소통 기술, 문제해결 기술, 학급회의 등을 교사들에게 적극적으로 권장한다. 학급긍정훈육법은 민주주의의 원리를 기본 바탕으로 한다는 점에서 새로운 학교 패러다임에서 요구하는 민주적 리더십의 실천에 매우 적합하다.

3. 민주적 교사를 위한 아들러 심리학

민주적 리더십을 갖추기 위한 교사들의 노력은 매우 권장되어야 마땅하다. 이러한 교사의 노력은 새로운 학교 패러다임과 적절히 맞물려 학생들의 행복과 성장에 기여하는 중요한 동력으로 작용할 것이기 때문이다. 또한 교사 자신에게도 교사로서의 성장을 촉진하고 교사 생활에 대한 만족감을 높일 수 있는 좋은 계기가 될 수 있을 것이다.

학교 패러다임의 변화와 그것에 발맞추기 위한 교사들의 노력이 이루어지고 있는 지금의 시점에서 교사들에게 유익한 도움을 줄 수 있는 또 다른 강력한 후보가 바로 아들러 심리학이다. 아들러 심리학은 민주적 공동체를 추구함과 동시에 민주적 교실을 위한 교사의 역할을 명시적으로 제시하기 때문이다. 탄탄한 이론을 토대로 실제적인 적용 방법을 안내해 준다는 점도 아들러 심리학이 갖는 중요한 강점 가운데 하나이다. 여기에서는 민주적 리더십을 갖추려는 교사들에게 왜 아들러 심리학이 필요한지에 대해 보다 구체적으로 살펴보고자 한다.

1) 민주적 공동체의 추구

아들러 심리학은 민주적 공동체를 적극적으로 지지한다. 사람들이 민주주의를 실천하며 함께 살아갈 때 가장 건강한 공동체가 될 수 있다고 여기기 때문이다. 또한 아들러 심리학은 공동체에 소속된 개인들도 민주적인 삶을 통해서 심리적 건강을 누릴 수 있다고 본다. 민주적인 삶과 심리적 건강의 관계는 아들러 심리학의 핵심 개념인 '사회적 관심(social interest)'과 '사회적 평등(social equality)'

을 통해 설명된다.

사회적 존재인 인간은 사회를 벗어나서는 제대로 된 삶을 살아가기 어렵다. 따라서 사회에 얼마나 잘 소속하는가는 개인의 삶의 질을 좌우하는 매우 중요한 요소가 된다. 아들러 심리학에 따르면 사회에 건설적으로 소속하기 위해서는 '사회적 관심'이 필수적이다. 사회적 관심이란 자기중심성에서 벗어나 타인과 공동체에 관심을 두고 이를 가치 있게 여기는 태도를 일컫는다(Crandall, 1980).

개인의 사회적 관심은 타인과 '협력'하고 자신이 속한 공동체에 '공헌'하려는 행동으로 나타난다(Yang, Milliren, & Blagen, 2009). 사람들은 협력을 통해서 다른 구성원들과 건설적으로 관계하고 공헌을 통해서 공동체 안에서 스스로의 가치를 찾는다. 따라서 사회적 관심에 바탕을 둔 협력과 공헌은 개인의 인간관계와 자존감에 매우 중요한 영향을 미친다. 이러한 맥락에서 아들러 심리학은 사회적 관심의 정도가 개인의 행복을 좌우하는 결정적인 요소가 된다고 본다(Ansbacher, 1991; Crandall & Putman, 1980).

공동체의 구성원들이 모두 함께 사회적 관심을 가지고 협력과 공헌을 실천하기 위해서는 '사회적 평등'이 전제되어야 한다(Dreikurs, 1971). 서로 인격적으로 동등하다고 여길 때 상호 존중과 신뢰가 일어나며, 이를 바탕으로 진정한 의미의 협력이 일어날 수 있기 때문이다. 이러한 협력은 공동의 문제에 대한 책임을 모두가 공유하게 만들고, 공동체에 대한 구성원들의 공헌을 촉진시킨다. 이처럼 사회적 평등은 협력과 공헌의 중요한 토대가 된다. 아들러 심리학은 사회적 평등이 공동체와 그에 속한 구성원들의 문제를 효과적으로 해결할 수 있도록 해 주는 밑바탕이 된다고 본다. 이러한 입장에서 아들러 심리학은 공동체의 발전과 개인의 성장을 위해서 사회적 평등이 필수적이라는 입장을 취한다.

아들러 심리학에서 강조하는 평등, 상호 존중, 협력, 책임의 공유 등은 민주주의에서 추구하는 핵심 가치와 그대로 일치한다. 아들러 심리학이 민주적인 인간관계와 민주적인 공동체를 지향하는 것(Ferguson, 2001)도 이 때문이다. 아들러 심리학에서 말하는 민주주의의 실천은 정치적인 측면에 한정되지 않는다. 아들러 심리학은 우리 삶의 모든 곳에 민주주의의 원리가 스며들 필요가 있음을 주장한다. 사람들이 함께하는 곳이라면 어디든지 민주주의가 살아 숨 쉬어야 공동체의 안녕과 개인의 행복이 누려질 수 있다는 것이 아들러 심리학의 생각이다.

아들러 심리학의 관점에서 민주적 삶의 필요성은 학교에서도 물론 예외가 되지 않는다. 아동과 청소년의 학교생활에 특히 큰 관심을 가지고 있는 아들러 심리학은 평등, 상호 존중, 협력, 책임의 공유 등과 같은 민주주의의 원리가 학교의 곳곳에서 실현되어야 함을 역설한다(Dreikurs, Grunwald, & Pepper, 1998). 또한 학생들과 사회적으로 동등한 위치에서 민주적인 교실 분위기를 이끄는 교사의 역할을 강조한다. 아들러 심리학에서 지향하는 학교의 모습은 새로운 학교 패러다임에서 추구하는 민주적 공동체로서의 학교와 크게 다를 것이 없다. 또한 아들러 심리학에서 권하는 교사의 민주적 리더십은 새로운 학교 패러다임에서 요구하는 교사 역량의 핵심 축을 이룬다. 이것이 바로 새로운 학교 패러다임을 맞이하는 교사들이 아들러 심리학을 배워야 하는 중요한 이유 가운데 하나이다.

2) 민주적 학급 관리 모델의 제시

아들러 심리학은 상담이론을 중심으로 발달한 상담심리학의 한 분파이다. 따라서 아들러 심리학도 다른 상담 이론과 마찬가지로 상담자-내담자 관계를 기본 맥락으로 하여 발전되었다고 볼 수 있다. 그러나 아들러 심리학은 상담의 맥락뿐만 아니라 가정과 교실에서 아동과 청소년의 삶에도 큰 관심을 기울여 왔다. 이에 따라 아들러 심리학은 부모를 위한 자녀 훈육 모델과 교사를 위한 학급 관리 모델을 개발하여 보급에 힘썼다. 특히 아들러 이후에 아들러 심리학의 발전에 가장 큰 공헌을 한 인물로 평가 받는 드레이커스는 민주적인 교실 분위기의 중요성을 역설하며 그러한 분위기를 이끌 수 있는 구체적인 방법들을 교사들에게 제시했다(Dreikurs, Cassel, & Ferguson, 2004; Dreikurs et al., 1998).

드레이커스가 교사들을 위해 제시한 방법들은 그 전반에 걸쳐 민주적인 원리가 바탕을 이룬다는 점에서 '민주적 학급 관리 모델'로 불린다(Nelson & Gfroerer, 2017). 우리나라에는 아직 잘 알려지지 않았지만 미국에서는 상당수의 교사들이 이 모델을 학교 현장에 적용하고 있다. 미국 텍사스 주의 사범대학들을 대상으로 이루어진 한 조사(Banks, 2003)에 따르면 드레이커스의 모델은 생활지도 및 학급 관리 관련 강의에서 대표적으로 다루어지는 모델 가운데 하나였다. 이 조사에서 58%의 대학이 드레이커스의 민주적 생활지도 모델을 예비 교사들에게 가르치고 있다고 응답했다.

앞서 다루었던 학급긍정훈육법도 드레이커스의 모델을 기초로 한 생활지도 방식이다. 이러한 까닭에 학급긍정훈육법에서 그리는 교실의 모습은 드레이커스가 목표로 하는 교실과 별반 다르지 않다. 이 둘 모두 민주적인 교사, 민주적인 생활지도, 민주적인 교실을 추구한다. 학급긍정훈육법에서 제안하는 여러 가지 기법들은 결국 대부분 민주적 학급 관리 모델의 틀 안에서 이루어지는 것들이라 할 수 있다.

아들러 심리학은 상담뿐만 아니라 교실의 맥락에까지 그 원리를 매우 구체적으로 적용한다는 점에서 여느 상담이론과 중요한 차이를 갖는다. 앞서 언급한 것처럼 아들러 심리학은 민주적 학급 관리 모델을 통해 민주적인 교실 분위기와 그것을 위한 교사의 역할을 명시적으로 제시한다. 따라서 아들러 심리학은 여러 상담이론들 가운데 민주적인 리더십을 갖추려는 교사들에게 가장 적합한 이론적 토대와 구체적인 방법을 제공해 준다고 할 수 있다.

3) 탄탄한 이론적 토대

아들러 심리학이 가진 또 하나의 강점은 탄탄한 이론적 토대를 갖추고 있다는 점이다. 100여 년의 역사를 지닌 아들러 심리학은 상담과 성격심리 분야에서 상당한 권위를 인정받는 심리학 분파이다. 현대의 많은 상담 및 성격이론이 아들러 심리학에서 영향을 받은 것으로 알려져 있다(Corey, 2009; Watts, & Pietrzak, 2000). 아들러 심리학은 아들러 심리학(Adlerian psychology) 또는 개인심리학(Individual psychology) 등의 이름 아래 꾸준한 발전을 이어오며 인간의 삶을 이해하는 이론적 틀을 구축했다. 예컨대, 아들러 심리학에서는 개인의 초기기억이나 가족 구도 등에 대한 탐색을 통해 그 사람의 고유한 '생활양식(life style)'을 평가한다(Shulman & Mosak, 1990). 이러한 과정을 통해 한 사람의 삶의 방식을 체계적으로 이해하고, 이를 토대로 심리사회적으로 건강한 삶을 살아갈 수 있도록 돕는다.

또한 아들러 심리학은 학생들의 부적응 행동을 이해하는 체계적인 틀을 마련하여 교사들에게 제시해 준다. 아들러 심리학의 관점에서 인간의 모든 행동에는 저마다의 목적이 깃들어 있다. 이것은 교실에서 나타나는 학생들의 부적응 행동도 마찬가지이다. 아들러 심리학은 부적응 행동의 이면에 감추어진 목적을 크게 네 가지로 분류하는데(Dreikurs et al., 1998), 이는 교실에서 학생들의 행동을 이해하는 데 매우 유용하게 사용될 수 있다. 눈에 보이는 행동 자체에만 초점을 두기보다 그 안에 감추어진 행동의 목적을 이해했을 때 보다 효과적인 교정이 가능하다는 것이 아들러 심리학의 입장이다. 이에 대한 보다 자세한 내용은 제4장에서 다룰 것이다.

아들러 심리학은 학생에 대한 이해뿐만 아니라 학생들의 성장을 이끌기 위해 필요한 방법들에 대해서도 체계적인 이론에 근거를 둔다. 이를테면 아들러 심리학에서 학생의 성장을 위해 필수적이라고 보는 '격려', 스스로의 행동에 대한 책임감을 배우게 하는 '논리적 결과' 등은 모두 아들러 심리학 고유의 원리에 바탕을 두는 것들이다.

또한 아들러 심리학에서 제안하는 민주적 교실을 이끄는 방법들도 사회적 관심, 사회적 평등, 집단 역동 등의 원리를 바탕으로 체계화된 것이다.

아들러 심리학을 배우는 것은 회복적 생활교육이나 학급긍정훈육법을 통해 민주적 리더십을 갖추려는 교사들에게도 아주 유익한 도움이 될 수 있다. 회복적 생활교육이나 학급긍정훈육법도 민주적인 교실과 민주적인 교사상을 추구한다는 점에서 결국 아들러 심리학과 같은 곳을 지향한다. 특히 학급긍정훈육법은 아들러 심리학에 바탕을 두고 만들어졌다는 점에서 더욱 그러하다. 아들러 심리학은 회복적 생활교육이나 학급긍정훈육법에서 제시하는 여러 기법에 대해 든든한 이론적 토대가 되어 줄 것이다. 실제 상황에 적용은 그것과 관련된 이론이나 원리에 대한 깊은 이해가 뒷받침되었을 때 더욱 효과적이고 탄력적으로 이루어질 수 있다. 따라서 아들러 심리학을 배우는 것은 회복적 생활교육이나 학급긍정훈육법을 교실에서 적용하는 데 중요한 도움이 될 수 있을 것이다.

참고문헌

강인구, 김광수(2015). 회복적 생활교육 개입이 학급응집력에 미치는 효과. 초등상담연구, 14(1), 43-61.

경기도교육청(2014). 평화로운 학교를 위한 회복적 생활교육 매뉴얼. 경기: 경기도교육청.

김덕년, 김성천, 박현숙, 손소영, 오재길, 임덕연, 조성범(2013). 혁신교육 백서: 주민 직선 교육자치 4년의 기록. 경기: 경기도교육청.

김상곤(2013). 혁신교육을 말하다. 혁신과 정의의 나라 제3차 포럼. 6월 12일. 서울: 국회의사당 의원회관.

김은아(2017). 회복적 생활교육에 근거한 활동중심 갈등해결 프로그램이 초등학생의 공동체 의식에 미치는 효과. 행동분석 · 지원연구, 4(1), 49-73.

김창오, 김연옥, 김진수, 강근미(2010). Gerard Egan의 상담모델에 근거한 교사 상담자훈련 프로그램의 개발과 적용. 상담학연구, 11(4), 1841-1861.

노안영(2005). 상담심리학의 이론과 실제. 서울: 학지사.

박성희(2000). 상담 효과를 가져오는 상담 관계의 특성. 초등교육연구, 14(1), 167-180.

박숙영(2014). 회복적 생활교육을 만나다. 서울: 좋은교사.

백병부, 성열관, 하봉운(2014). 경기도 혁신학교 중장기 발전 방안 연구. 경기: 경기도교육연구원.

서용선(2016). 혁신학교가 만들어가는 민주 · 대안적 학습생태계. 민주누리 5. 20-25.

안진, 조상균, 조백기, 고병연, 이건진, 허창영, 박상아(2012). 학교 민주인권친화지수 개발 연구. 광주: 광주광역시교육청.

이승호 (2017). 혁신학교 정책집행과정 특징 분석. 서울대학교 대학원 박사학위논문.

장은주, 박선영, 송신철, 장경훈, 정경수, 홍석노(2015). 학교민주주의지수 개발 연구(Ⅱ): 지표 체계와 평가도구 개발. 경기: 경기도교육연구원.

정민주, 김진원, 서정기(2016). 교사들의 회복적 생활교육 실천 경험에 관한 내러티브 탐구. 교육인류학연구, 19(2), 37-73.

정진(2016). 회복적 생활교육 학급운영 가이드북. 경기: 피스빌딩.

조금주(2016). 학생인권조례 분석 및 학생인권 조사 개발 방향. 청소년학연구, 23(2), 299-320.

조국(2013). 학생인권조례 이후 학교체벌의 허용 여부와 범위. 서울대학교 법학, 54(1), 111-134.

최한나(2010). 상담관계의 두 가지 측면: 작업동맹과 실제관계. 인간이해, 31(2), 85-101.

한국교육개발원(2017). 국제비교를 통해 본 한국 교사의 현실. 한국교육개발원 보도자료.

홍석노, 장은주, 최규환, 정경수, 이보민(2015). 학교민주주의 지수 개발 연구(Ⅰ): 학교민주주의 지수 개발을 위한 기초 연구. 경기: 경기도교육연구원.

Ansbacher, H. L. (1991). The concept of social interest. *Journal of Individual Psychology, 47*(1), 28-47.

Apple, M. W., & Beane, J. A. (2015). 마이클 애플의 민주학교: 혁신 교육의 방향을 묻는다 [*Democratic schools: Lessons in powerful education* (2nd ed.)]. (강희룡 역). 서울: 살림터. (원전은 2007에 출판)

Banks, M. K. (2003). Classroom management preparation in Texas colleges and universities. *International Journal of Reality Therapy, 22*(2), 48-51.

Corey, G. (2009). *Theory and practice of counseling and psychotherapy* (8th ed.). Belmont, CA: Thomson Brooks/Cole.

Crandall, J. E. (1980). Adler's concept of social interest: Theory, measurement, and implications for adjustment. *Journal of Personality and Social Psychology, 39(3),* 481-495.

Crandall, J. E., & Putman, E. L. (1980). Relations between measures of social interest and psychological well-being. *Journal of Individual Psychology, 36(2),* 156-168.

Dreikurs, R. (1971). *Social equality: The challenge of today.* Chicago, IL: Adler School of Professional Psychology.

Dreikurs, R., Cassel, P., & Ferguson, E. D. (2004). *Discipline without tears: How to reduce conflict and establish cooperation in the classroom* (Rev. ed.). Canada: Wiley.

Dreikurs, R., Grunwald, B. B., & Pepper, F. C. (1998). *Maintaining sanity in the classroom: Classroom management techniques* (2nd ed.). Philadelphia, PA: Accelerated Development.

Ferguson, E. D. (2001). Adler and Dreikurs: Cognitive-social dynamic innovators. *The Journal of Individual Psychology, 57*(4), 324-341.

Hargreaves, A., & Shirley, D. (2015). 학교교육 제4의 길 1: 학교교육 변화의 역사와 미래방향 [*The fourth way*]. (이찬승, 김은영 역). 서울: 21세기교육연구소. (원전은 2009에 출판)

Hopkins B. (2004). *Just schools: A whole school approach to restorative justice*. London: Jessica Kingsley Publishers.

Nelson, J., & Gfroerer, K. (2017). *Positive discipline: Tools for teachers*. New York: Harmony.

Nelson, J., Lott, L., & Glenn, J. A. (2014). 학급긍정훈육법: 친절하며 단호한 교사의 비법 [*Positive discipline in the classroom: Developing mutual respect, cooperation, and responsibility in your classroom* (4th ed.)] (김성환, 강소현, 정유진 역) 서울: 에듀니티. (원전은 2013에 출판)

Noddings, N. (2016). 21세기 교육과 민주주의: 개인적 삶, 직업적 삶. 그리고 시민적 삶을 위한 교육 [*Education and democracy in the 21st century*]. (심성보 역). 서울: 살림터. (원전은 2013에 출판)

Robinson, K., & Aronica, L. (2015). 아이의 미래를 바꾸는 학교혁명 [*Creative schools*]. (정미나 역). 경기: 21세기북스.

Shulman, B. H., & Mosak, H. H. (1990). *Manual for life style assessment*. New York: Routledge.

Watts, R. E., & Pietrzak, D. (2000). Adlerian "encouragement" and the therapeutic process of solution-focused brief therapy. *Journal of Counseling & Development, 78*(4), 442-447.

Yang, J., Milliren, A., & Blagen, M. (2009). *The psychology of courage: An Adlerian handbook for healthy social living*. New York: Routledge.

제2장

인간 본성에 대한 이해

"모든 것은 오로지 마음이 지어내는 것이다(一切唯心造)."

-화엄경-

이 장은 아들러 심리학에서 전제하는 인간의 본성을 설명한다. 보다 효과적인 설명을 위하여 필자는 다음과 같은 이야기를 꾸며 냈다.

태초에 신은 자신의 형상을 본떠 인간을 창조하였다. 신은 완전한 존재이다. 따라서 인간도 신처럼 완전한 존재가 될 뻔했다. 신은 인간이 자신의 복제품으로 창조되는 것을 좋아하지 않았다. 따라서 거의 완전한 존재로 창조된 인간에게서 무작위로 신체적·심리적 특정 능력을 떼어내어 다른 인간에게 붙여 놓았다. 그리고 그 인간에게서 다른 신체적 심리적 특정 능력을 무작위로 떼어 내어 또 다른 사람에게 붙여 놓았다. 이런 식으로, 태초에 창조된 각 인간은 부족함과 넘침이 서로 다른 불완전한 존재가 되었다. 신은 불완전한 인간에게 온전한 존재가 되는 지혜를 주었다. 즉, 자유의지에 따라 자신의 부족함을 알아차리고 이를 메꾸어 가며 보다 온전한 존재로 나아가도록 허용한 것이다. 또한 인간들이 자신의 넘침을 필요한 사람에게 아낌없이 서로 나누는 상부상조의 공동체를 이루도록 하였다. 인간이 이 공동체 안에서 서로서로 존중하고 협력하고 공헌하면서 온전한 삶을 살게 하였다. 즉, 신은 인간으로 하여금 불완전함이 곧 인간으로서 온전함임을 알아차리고, 현재의 불완전함에도 불구하고 좀 더 완전하도록 노력하면서, 이웃과 더불어 우주까지 연계하며 더불어 살아가도록 계획하였다.

1. 불완전한 존재

우리는 인간이 불완전한 존재임을 알고 있다. 그리고 완전한 존재가 되려는 소망도 함께 갖는다. 따라서 우리는 자신의 불완전함을 알아차리는 순간 열등감을 느끼고, 완전을 소망한다. 최소한 열등감을 상쇄할 행동을 찾아 나선다. 이를 아들러 심리학에서는 '열등감'과 '보상'이란 개념으로 설명한다. 아들러는 유아가 태어나면서부터 곧 신체적 · 심리적 · 사회적 열등을 경험하며 이를 극복하면서 살아간다고 보았다(노안영 외, 2011). 아들러는 「기관열등감과 그것의 정신적 보상에 관한 연구」(1917)라는 초기 논문에서 열등감의 문제를 다루었다(Lundin, 1989). 모든 신체 기관이 똑같은 정도로 건강하지 않으며 병에 취약한 열등한 기관이 있기 마련이다. 이러한 열등한 기관이 기능을 제대로 발휘하지 않으면, 다른 기관들이 이를 보상하여 전체 유기체가 순조롭게 기능하도록 한다는 것이다. 예를 들면, 병든 신장을 제거하면 남아 있는 신장이 확장하여 병든 신장의 손실을 보상하는 것과 같은 것이다. 이렇듯 신체적인 열등감을 보상하는 것뿐만 아니라 심리적 열등감도 보상 활동을 촉진하여 보다 온전한 모습을 보이기도 한다. 예를 들면, 말을 더듬었던 데모스테네스가 작은 자갈을 입에 넣고 연습을 거듭하여 고대 그리스의 위대한 웅변가 중 한 사람이 되었다는 것이다(Lundin, 1989).

이렇듯 열등감은 보다 더 완전함으로 나아가게 하는 동기로 작용한다. 즉, 열등감 자체는 우리를 변화시키는 원동력인 것이다. 그러나 열등감이 지나쳐서 자신이 더 이상 나아질 수 없을 것으로 좌절하면, 그러한 열등감은 우리를 변화시키는 동기로 작용할 수 없다. 이러한 과장된 열등감을 '열등감 콤플렉스'라고 한다. 앞의 꾸며 낸 이야기에 비유하면, 신이 인간에게 자신의 열등함을 알아차린다면 이를 보상하여 더 완전하도록 노력할 자유의지를 주었으나, 열등감 콤플렉스에 빠진 사람은 자신의 열등함만 알아차렸을 뿐 더 완전한 방향으로 변화할 수 있는 가능성과 이를 실천할 자유의지를 포기한 것이다. 따라서 열등감 콤플렉스와 같은 과장된 열등감은 부끄럼, 비겁함, 무례함, 충동성, 복수심 등 다양한 부정적인 정서와 행동으로 나타난다(Lundin, 1989). 아들러 심리학에서는 모든 문제 행동을 과장된 열등감 또는 열등감 콤플렉스에서 비롯된 것으로 간주한다. 따라서 문제 행동을 교정하려면, 과장된 열등감 또는 열등감 콤플렉스를 감소시켜 정상적인 열등감을 갖도록 할 것을 강조한다. 그리고 이러한 정상적인 열등감이 보다 완전함을 추구하는 동기로 작용하도록 돕는 것이 필요하다. 이를 위하여 인간이 원래 불완전한 존재임을 받아들이고 자신의 불완전함을 감당하는 것이 필요하다. 이는 곧 '불완전할 용기(courage to be imperfect)'를 갖는 것이다.

인간이 불완전한 존재임을 받아들이는 교사는 학생의 불완전한 모습을 있는 그대로 수용하고, 학생들로 하여금 자신의 불완전성을 담담히 받아들이도록 도울 것이다. 이를 위하여 장상호 교수(2009b)가 새로운 교육학을 구축하면서 제안한 '교육 활동의 구조[1]'를 참조하는 것은 도움이 된다. 장상호 교수는 교육 활동의 구조의 한 축으로 존현-존우(尊賢-尊愚)를 상정하였다. 즉, 스승과 제자는 서로 상대의 어리석음과 현명함을 존중하여야 교육적 관계를 맺을 수 있다는 것이다. 훌륭한 스승은 제자의 어리석음을 끝없이 수용하고 존중하여야 한다.

2. 목적론적 존재

필자가 꾸며낸 이야기에서 신이 불완전한 인간에게 온전한 존재가 되는 지혜를 주었다고 했다. 이는 인간이 불완전함을 알아차려

---

1) 장상호(1997, 2000, 2005, 2009a, 2009b)는 '학문이란 무엇인가? 교육이란 무엇인가?'라는 질문에 대한 해답을 찾아가면서 교육을 새로운 그리고 학문적인 관점에서 이해할 수 있도록 새롭고 다양한 개념을 선보였다. 그는 교육 활동을 상구교육과 하화교육으로 구성된 협동교육으로 개념화한다. 상구교육 활동에는 자리, 혁신, 존현, 순차, 자조, 자증의 요소가, 하화교육 활동에는 이타, 보수, 존우, 역차, 원조, 타증의 요소가 있다고 상정한다. 상구교육과 하화교육에서 이들 요소들은 상호 대위관계에 있으며 상호 호응하면서 견고한 공조체제를 구성한다고 보았다.

열등감은 느끼지만, 부단히 더 온전한 존재를 추구하는 삶을 살아가게 됨을 말하는 것이다. 아들러 심리학에서는 이러한 과정을 '우월성 추구(striving to superiority)'라고 한다. 우월성 추구는 보통 생애 초기에 경험하는 열등감을 보상하여 더 완벽함을 추구하는 것이다. 예를 들면, 아들러 자신은 어렸을 때 병약하였는데, 커서 병약함을 극복하는 의사가 되고 싶어 했고, 실제로 의사가 되었다. 모든 사람이 모든 방식에서 우월할 수는 없다. 따라서 우리는 각자 나름대로 성공할 수 있는 자신의 잠재 능력을 찾아 이의 실현을 추구하게 된다. 이는 우리의 삶이 목적적임을 말한다. 따라서 우리는 자신이 추구하는 우월성을 드러내는 데 효과적인 행동들을 선택하며 살아간다. 프로이트는 현재의 행동이 과거의 무의식적 경험에 의해 결정된다고 주장한 반면, 아들러는 현재의 행동이 자신의 목적을 달성하기 위해 선택된다는 입장을 취한다. 그러므로 아들러는 현재의 행동에 담겨 있는 행동의 목적을 이해하는 것을 강조한다. 이는 행동의 의미와 동기를 이해하려는 것과 같다. 따라서 아들러 심리학은 문제 행동을 교정하기 위한 좋은 방법으로 행동 수정보다는 동기 수정을 제안한다. 행동의 동기, 즉 행동의 목적이 바뀌면, 바뀐 목적에 따라 선택되는 행동도 당연히 바뀌기 때문이다.

인간이 목적론적 존재임을 받아들이는 교사는 학생의 문제 행동을 지도할 때, 그 문제 행동을 성급하게 교정하려고 하기보다는 문제 행동의 목적, 의도, 의미 등을 충분히 이해한 후, 효과적인 지도 방안을 찾고자 숙고할 것이다. 즉, 교사는 학생의 문제 행동에 대해 즉각적인 반응을 보이지 않도록 하고, 한발 물러서서 문제 행동을 일으킨 학생의 의도 또는 목적을 충분히 파악한 후 적절한 지도방안을 찾아야 한다는 것이다.

3. 창조적 존재

필자가 꾸며낸 이야기는 인간의 자유의지를 언급한다. 아들러 심리학은 현재의 행동을 결정론적 관점이 아니라 목적론적 관점에서 이해한다. 우월성 추구라는 목적 달성에 도움이 되는 행동을 자유의지에 따라 선택하는 것이다. 이러한 과정은 아들러가 말한 창조적 자기(creative self) 또는 자기의 창조적인 힘(the creative power of the self)에 의한 적극적이고 창의적인 행동으로 이루어진다. 즉, 이러한 창조적인 힘에 의해, 인간은 자신의 인생 각본을 쓰고, 자신의 행동을 연출하고, 자신의 성격을 형성하는 배우처럼 산다는 것이다. 이는 인간이 자신의 가공적 목적을 달성하기 위하여 자신의 삶의 현실을 구성하면서 산다는 것을 의미한다. 더 나아가 자신의 현실에 의문을 제기하고, 자신의 현실을 해체하고, 재구성할 수도 있다.

인간은 자신이 만들어 낸 목적을 추구하는 데 도움이 되는 행동을 적극적으로 창조한다. 자신의 목적에 도움이 된다고 여겨지는 행동은 반복되며 자신의 고유한 행동 패턴으로 발전시킨다. 이러한 행동패턴들은 개인의 고유한 생활양식이 된다. 즉, 우리는 자신의 고유한 삶의 방식을 창의적으로 구성해 가는 창조적 존재인 것이다.

인간이 창조적인 존재임을 받아들이는 교사는 학생의 창조적인 힘을 굳게 믿고, 이러한 창조적인 힘을 통해 자신이 원하는 새로운 생활양식을 발달시켜 가도록 도울 것이다. 인간이 결코 과거의 경험이나 환경에 구속된 존재가 아니고, 보다 완성된 자신을 지향하며 자신의 삶을 창조적으로 구성해 간다고 믿는다는 것은 학생이 스스로의 힘으로 긍정적인 방향으로 변화할 수 있다는 믿음도 함께 갖는 것이다. 즉, 교사가 학생의 성장을 굳게 믿어 주면, 학생도 스스로 성장을 거듭할 것이다.

4. 사회적 존재

필자의 꾸며낸 이야기는 인간이 상부상조하는 공동체를 형성하여 보다 온전함을 추구한다고 하였다. 이런 점에서 아들러 심리학은 인간이 사회적 본능을 가지고 태어난다고 가정한다. 인간은 다른 동물에 비하여 여러모로 연약하기 때문에 공동체를 형성하여 자신을 지켜 온 것이다. 인간은 스스로를 지키기 위하여 사회적 존재가 되었다. 건강한 공동체는 구성원들이 공동체의 유지와 발전을 위한 그리고 공동체 안에서 개인의 생존과 성장을 위한 목표를 공유하고, 목표를 이루기 위한 역할을 분담하고 협력한다. 인간의 초기 공동체를 상상하면, 구성원들이 먹을 것을 구하는 수렵 활동과 어린 아이들을 돌보는 양육 활동을 나누어 담당하여, 서로에게 협력하고 공헌함으로써 조화롭고 안정된 공동체 생활을 하였을 것이다. 공동체 생활에 필요한 역할 분담은 산업혁명 후 분업의 형태로 가속화하였다. 오늘날에는 다른 사람의 도움 없이는 하루도 스스로 살 수 없을 정도로 더욱 세밀하게 분업화하여 구성원들이 알게 모르게 서로 의존하고 서로 협력하게 되었다.

따라서 아들러 심리학에서는 우리가 속한 공동체와 더불어 자신의 생존과 안녕을 지키고 보장하기 위하여 공동체 의식(community feeling) 또는 사회적 관심(social interest)을 발달시키는 것이 중요하다고 하였다. 또한 이러한 공동체 의식 또는 사회적 관심은 타고난 것이긴 하지만 잠재하는 것이기 때문에, 생후 적극적으로 개발되어야 할 필요가 있음을 강조한다.

인간이 사회적인 존재임을 받아들이는 교사는 학급이란 공동체를 통해 학생의 공동체 의식 또는 사회적 관심의 발달을 촉진할 것이다. 이를 위해 학급 공동체의 발달을 위한 다양한 과제와 역할을 적절히 분담할 수 있고, 서로 배려하고 협력하고 공헌하는 태도로 이를 수행하도록 할 것이다.

5. 통합적 존재

아들러는 프로이트가 제안한 원초아, 자아, 초자아로 구성된 성격구조에 대해 반대하면서 인간은 그 자체로 더 이상 나눌 수 없는 통합적인 존재라고 생각하였다. 따라서 아들러는 프로이트와 함께 했던 정신분석학회를 떠나면서 개인심리학학회를 만들었다. 개인심리학(Individual Psychology)은 곧 더 이상 나눌 수 없음(in + dividual)을 의미한다. 아들러는 인간을 통합적인 존재로 이해하여야 한다는 것을 강조하기 위하여 개인심리학(Individual Psychology)이란 용어를 사용한 것으로 알려지고 있다. 아들러 심리학은 개인을 이해하는 데 부분적인 입장이 아니라 전체적인 (holistic) 입장을 취한다. 아들러 심리학은 한 인간을 각 요소의 부분의 합보다는 더 큰 고유한 존재로 받아들인다. 아들러 심리학은 정신과 신체, 의식과 무의식, 인지와 정서 등의 양극을 살펴보는 것이 아니라, 모든 요소가 어떻게 상호작용하는지에 관심을 둔다. 아들러 심리학은 행동, 사고, 정서, 신념, 태도, 품성 등등이 상호 연결되고 통합된 개인의 고유한 삶에 관심을 갖는다(Carlson & Englar-Carlson, 2017).

인간이 통합적인 존재임을 받아들이는 교사는 한 단면만 보고 학생을 평가하지 않고, 학생 개인의 특성과 환경, 학급 내 구성원과의 상호작용과 역동 등 다양한 면을 종합하여 학생 개인의 고유한 삶을 이해하려고 할 것이다.

참고문헌

노안영, 강만철, 오익수, 김광운, 정민(2011). 개인심리학 상담원리와 적용. 서울: 학지사.

장상호(1997). 학문과 교육(상권): 학문이란 무엇인가. 서울: 서울대학교 출판부.

장상호(2000). 학문과 교육(하권): 교육적 인식론이란 무엇인가. 서울: 서울대학교 출판부.

장상호(2005). 학문과 교육(중권I): 교육이란 무엇인가. 서울: 서울대학교 출판부.

장상호(2009a). 학문과 교육(중권II): 교육본위의 삶. 서울: 서울대학교 출판부.

장상호(2009b). 학문과 교육(중권III): 교육연구의 새지평. 서울: 서울대학교 출판부.

Lundin, R. W. (1989). *Alfred Adler's basic concepts and implication*. Accelerated Development.

Carson, J. & Englar-Carlson, M. (2017). *Adlerian psycotherapy*. American Psychological Association.

제3장

아들러 심리학이 지향하는
민주적 교사

> "민주주의의 발전은 인간을 자신과 자신이 운영하는 영역을
> 책임지는 존재로 만들었다. 인간은 더 이상 종이 아니다: 자기 자신의 주인이다."
>
> – Rudolf Dreikurs(1971) –

아들러 심리학이 지향하는 민주적 교사가 되기 위해서는 아들러의 개념과 철학이 당신의 내면 깊이 스며들어, 당신 자신의 이야기로 바뀌어야 한다. 이런 과정이 끊임없는 실천으로 옮겨질 때, 자연스럽게 아들러 심리학을 실천하는 민주적 교사의 모습으로 변화될 것이다. 다행스레 아들러 심리학은 다른 심리학 이론처럼 어렵거나 추상적이지 않고, 우리의 삶과 교육에 쉽게 적용 가능하며 매우 상식적이다.

그렇다면 과연 민주주의 관점에서 사회적 관심(social interest)을 강조하고 공동체 의식을 중요하게 생각했던 아들러가 지향하는 민주적 교사의 특징은 무엇일까? 제2장에서 아들러가 들려주는 인간의 본성을 바탕으로 생각할 때, 학생들은 학급 내 소속감을 얻기 위해 의식적, 무의식적으로 자신의 위치를 찾는다. 이러한 목적을 달성하기 위해 자신이 어떻게 행동할지 다양한 방식으로 선택한다. 아들러 인간관은 과거 교사들이 학생의 문제 행동을 병리적 현상으로 보고, 문제 행동만을 교정하는 데 중점을 두었던 생활지도 및 훈육 방법과는 다르다. 또한 관찰 가능한 표면적인 문제 행동에만 초점을 두고, 그 행동 이면에 숨겨진 목적에는 관심을 두지 않았던 기존 교육 방식과도 다르다.

아들러 관점에 매력을 느낀 교사들은 자신과 학생들의 의미 있는 행동의 변화를 일으키는 아들러 심리학의 방법을 알고 싶어 한다. 또한 학생의 행동 목적에 대한 논리적 근거를 통찰하고, 민주적 교사가 되기 위한 역량을 키우고자 한다. 이 장에서는 아들러 심리학이 지향하는 민주적 교사의 특징에 대해 구체적으로 살펴보고, 이를 방해하는 걸림돌을 찾아보고자 한다.

1. 혁신과 변화의 대안: 민주적 교사

1) 학생인권 존중: 사회적 평등성

우리 사회 전반에 걸쳐 민주적 요구가 확대되고 있다. 역사적으로 끊임없이 정치와 법 영역에서 평등이 발전해 온 것처럼, 이제는 가정, 학교, 직장에서 평등 패러다임으로 전환되어야 한다. 평등이란 지위, 나이, 신체, 재산, 지능의 수준이 다르더라도 대등한 존중으로 서로를 대하는 것이다. 이는 마치 당신이 부모님을 대하는 것처럼 학생들을 동등하게 존중하는 것이다. 부모님과 학생을 같게 대하라니? 다소 의아할 수도 있다. 비록 학생이 어리고 지식과 판단력이 부족하며 미성숙하다 할지라도 무시하거나 성인보다 낮은 존재로 여겨서는 안 된다는 뜻이다.

이와 같은 시대 변화에도 과거 전통적인 교육 방식을 고수하던 교사들은 학생 및 학부모와의 심각한 갈등 속에서 좌절과 혼란을 겪고 있다. 교사 주도적인 학급 질서가 무너지지 않도록 더 강하게 지도해야 한다는 생각을 가진 교사는 학생을 강압적으로 통제하려고 하다가 오히려 더욱 심각한 마찰과 갈등을 가져오기도 한다. 오늘날 교사와 학생의 관계는 과거 전제적 시대처럼 명령 – 복종의 관계가 아닌 사회적 평등성의 기반에서 상호 인권을 존중하며 협력해야 한다. 학생의 인간적 존엄성과 권리를 충분히 인정하면서 학생의 구체적인 행동을 지도하였을 때 교사의 학생 지도는 비로소 효과적일 수 있다(송재홍 외, 2013).

2) 진퇴양난에 처한 교사의 고민

교사가 제대로 수업을 하고 학생들이 협력하여 배움의 즐거움을 느끼기 위해서 교실 내에서 질서 유지에 대한 책임은 교사와 학생들 모두에게 있다. 하지만 아직까지도 몇몇 교실에서는 교사가 보스 역할을 하면서 지위와 권력을 이용하여 학생을 통제하고, 학생에게 보상과 처벌을 사용할지도 모른다. 행동주의 방식은 즉각적인 효과는 뛰어나지만 배우고자 하는 본질적인 욕구를 일으킬 수는 없다. 만약 교사가 학생들의 동의나 이해를 무시한 채 그들을 통제하려고 한다면, 자기 주도적으로 학습하고 스스로 배우려는 학생들을 만들 수 없게 된다. 뿐만 아니라 학생들과의 관계와 소통에서 어떤 기쁨이나 만족도 느낄 수 없으며, 결국 학생들을 통제하는 것에 대한 더 큰 어려움을 겪게 될 것이다.

매우 엄격하고 권위적인 교실에서 학생들은 권력, 등수, 명성, 자기 이익만을 중요한 가치로 생각한다. 이러한 방식은 다른 사람들과 끊임없는 갈등, 반항, 불만을 유발한다. 권위적인 교실에서는 교사가 있을 때만 과제에 참여하고 외적 통제만 가능하며, 갑작스럽게 교사가 없는 상황이 생겼을 때 학생들은 주어진 자유와 함께 막상 무엇을 해야 할지 모르게 된다(노안영 외, 2011). 변화하는 학교 문화 속에서 "내가 교사니까 너희들은 내가 말한 대로 해야만 해."라는 진부한 권위적인 방식은 더 이상 통하지 않는다.

이러한 교실 풍토는 독재적 방식의 종식으로 사라지고 있으며, 다른 적절한 훈육 방법을 찾지 못해 교실 속 학생들은 거의 아비규환 상태이다. 그렇다면 교사는 허용적인 교실에서 수동적인 관찰자가 되어야 하는 것일까? 그래서 언제 어디서 학습이 일어나든지 방관한 채 학생이 원하는 대로 행동하도록 자유롭게 내버려 두어야 하는가? 기존 교육 방식이 더 이상 통하지 않는 교실의 상황, 지금과 같은 방법으로 배우지 않겠다는 학생들로 인해 교사는 점점 무기력해지고 좌절하고 있다. 학생 및 학부모와의 관계에서 갈등과 상처로 얼룩진 사례들이 학교 현장에 빈번하다. 학생들은 제한 없는 자유

속에서 방치되어 있고, 무조건적으로 친절하고 허용적인 교사들은 학생과 학부모의 무례함에 상처받고 적절한 대안을 찾지 못한 채 갈팡질팡하고 있다.

실제 많은 교사들이 오해하는 것은 허용적인 교사가 학생에게 자신의 요구를 마음껏 표현하게 함으로써 잘못된 행동을 막을 수 있다는 것이다. 과연 그렇게 될 수 있을까? 안타깝게도 현실은 그렇지 않다. 허용적인 교실에서 학생이 배우는 것은 민주주의가 아니라 자유방임적 무질서이다. 허용적인 교실의 학생들은 다른 사람의 안전, 감정, 권리를 존중하거나 배려하지 않고 자신의 욕구와 권리만을 내세우면서 이기적인 모습으로 자기 이익만을 추구하게 된다.

3) 민주적 공동체를 만드는 교사

낙담한 교사들은 다시금 새로운 교육을 꿈꾸며 혁신적이고 변화 가능한 대안을 진지하게 고민하기 시작했다. 만약 학생에게 진정한 자유나 질서를 제공하려고 한다면, 가장 성공적인 학습 환경은 무엇일까? 바로 민주적 공동체일 것이다. 아들러가 지향하는 교사는 권위적이거나 허용적인 교사가 아닌 민주적인 교사이다. 그러나 우리의 혼란스러운 사회 문제들이 준비되지 않은 민주주의의 급속한 성장에서 야기된 경우가 많은 것처럼 교실 상황에도 예상되는 문제점들이 있다. 민주적인 변화를 이끌고자 노력하는 교사 역시 민주주의에 대한 심층적 이해와 실제 경험이 부족하다. 학생은 학생과 싸우고, 교사도 학생들과 싸운다. 모두 자신이 힘을 얻고 우월한 자가 되는 것을 통해서만 자신의 위치를 발견할 수 있다는 잘못된 신념과 경험을 가지고 있다. 평화로운 공존과 새로운 민주적인 전통을 교육 현장에 정착시키기 위해서는 아들러 심리학의 민주적 지도성이 절실하게 필요하다.

권위적인 교사와 민주적인 교사의 차이점을 〈표 3-1〉에 제시하였다. 두 가지 교사 유형을 비교함으로써 민주적 접근의 중요성을 인식할 수 있을 뿐만 아니라 당신의 민주적 지표를 평가하는 데도 도움이 될 것이다.

〈표 3-1〉 권위적인 교사와 민주적인 교사의 차이점

권위적인 교사	민주적인 교사
• 보스	• 리더
• 날카로운 목소리	• 친절한 목소리
• 명령	• 권유
• 권력	• 영향
• 압박	• 자극
• 협력을 강요함	• 협력하도록 유도함
• "네가 뭘 해야 할지 말하겠다."	• "네가 뭘 했음 좋을지 말해 줄게."
• 아이디어 강요	• 아이디어 제시
• 지배	• 안내
• 비판	• 격려
• 잘못 찾기	• 성취 인정
• 처벌	• 도와줌
• "내가 말하잖아."	• 의논
• "내가 정하고 넌 따르기만 해."	• "내가 제안할 테니 네가 정해 보렴."
• 집단에 대한 책임을 혼자서 짊어짐	• 집단 모두가 책임이 있음

출처: Dreikurs, R., Grunwald, B. B., & Pepper, F. C. (1998). *Maintaining sanity in the classroom: Classroom management techniques* (2nd ed.). Philadelphia, PA: Accelerated Development.

구성원들이 상호 존중하고 평등한 관계를 유지하는 민주적 교실 모습을 상상해 보자. 민주적 학급 공동체를 위한 규칙을 정할 때, 교사와 학생들은 동등한 학급 구성원으로서 학급회의와 의사결정 과정에 참여한다. 그리고 결정한 규칙은 교사와 학생들 모두에게 적용하며 평등한 협력이 이루어진다. 예를 들면, 학급의 규칙으로 '수업 시작 시간을 잘 지키자.'로 결정하였다고 하자. 학생들에게만 이 규칙을 엄격히 지키도록 하고 교사는 종종 늦는다면 교사는 이미 공동으로 결정한 규칙을 어기는 것이다. 교사에게만 특권이나 변명의 여지를 부여하는 것이고, 교사와 학생들 간 사회적 평등의 협력을 깨는 것이다(송재홍 외, 2013).

아들러를 실천하는 교사의 주된 특징은 민주적 공동체를 만드는 교사이다. 이를 위해 민주적 교사는 교실에서 책임질 수 있는 범위 안에서 학생들에게 자유를 허용한다. 민주적인 방식으로 학생들을 대하며, 학생을 비난하거나 죄의식에 빠지게 하지 않는다. 평등한 관계를 형성하여 공동체를 이끌고 동기를 부여한다. 개인의 어려움은 공동체의 관점에서 통합적으로 바라보며, 경쟁보다는 협력과 배려를 중시한다. 자치적으로 학급회의를 통해 문제를 해결하는 능력을 키워 나간다. 학생들은 소속감을 가지고 학급 공동체에 공헌할 기회를 갖게 되며, 책임감과 사회적 관심을 증가시켜 나간다.

교사와 학생 모두를 위해 학업적, 정서적, 사회적 성장을 위한 건강한 학습 분위기를 제공하는 것은 매우 중요하다(Dreikurs, Cassel, & Ferguson, 2004). 민주적인 교실에는 분명한 선택과 논리적 훈련 과정이 있으며, 학생들 스스로 배울 수 있도록 격려하는 학급 분위기가 형성되어 있다. 학생들에게 의사결정의 기회를 주고, 행동에 대한 일 관되고 논리적이며 완전히 이해된 지침을 줌으로써 학생들이 자기 훈육과 자기 통제를 발달시키도록 돕는다. 민주적 교사는 잘못된 행동을 하는 학생에게 주의를 주거나 실랑이하며 훈육하는 데 수업의 절반 이상을 쓸 필요가 없게 된다. 이렇게 확보된 시간은 풍부한 주제 학습을 교육과정에 도입하여 교육 혁신을 이루게 해 준다.

아들러 심리학이 지향하는 민주적 교사가 되는 것을 돕기 위해 당신의 역량과 자원을 스스로 평가해 보는 시간을 갖기를 권유한다. 드레이커스와 카셀 등(2004, pp. 17-21)이 제안한 〈표 3-2〉의 열두 가지 항목별 교사 자기 평가를 통해 이전에 인식하지 못했던 자신의 강점과 약점을 발견할 수 있을 것이다.

〈표 3-2〉 교사 자기 평가

	행동 목록	✔
I. 정서적 안정 (건전한 정신 건강)	1. 나는 스스로 자신을 가치 있게 여기는가?	☐
	2. 나는 학생 개개인을 가치 있게 여기는가?	☐
	3. 나는 존중, 예의, 이해, 인내를 가지고 모든 학생을 대하는가?	☐
	4. 나는 신뢰와 협력을 가르치는가?	☐
	5. 나는 유머 감각이 있는가?	☐
II. 신체적 건강 (역동적 특성)	6. 나는 높은 에너지를 가지고 있는가?	☐
	7. 나는 분별력 있게 먹는가?	☐
	8. 나는 규칙적으로 운동하는가?	☐
	9. 나는 외모가 청결하고 매력적인가?	☐
	10. 나는 교실에서 열성적인가?	☐
	11. 나는 학생들에게 배움에 대한 동기를 부여하는가?	☐

III. 지성과 교수능력 활용	12. 나는 서로 다른 학생들이 무엇을 기대하는지 알고 있는가?	☐
	13. 나의 말이나 행동에서 짜증이나 좌절을 표현하지 않도록 주의하는가?	☐
	14. 나는 학습 부진아를 위한 보충 프로그램을 개발하는가?	☐
	15. 나는 행동 문제를 효과적으로 다룰 수 있는가?	☐
IV. 창의성, 상상력, 자원의 풍부함	16. 나는 수업의 목적과 목표를 정하는가?	☐
	17. 나는 학생 개개인이 성취할 수 있는 비전을 가지고 있는가?	☐
	18. 나는 개념을 설명할 수 있는 새로운 방법을 개발할 수 있 는가?	☐
	19. 나는 학생이 어려움에 처할 때, 한 가지 이상의 접근법으 로 지도하는가?	☐
	20. 나는 끊임없이 유사하거나 다른 자원으로부터 새로운 자 료를 얻는가?	☐
	21. 나는 적절한 자료를 수합하기 위해 독창성을 발휘할 수 있 는가?	☐
	22. 나는 교실에 작품을 전시하고, 학급 규칙을 정하고, 규칙 적으로 학급회의를 할 수 있는가?	☐
V. 예의, 친절, 공감, 재치	23. 나의 예의 바르거나 그렇지 않은 행동이 학생들의 행동에 반영되는가?	☐
	24. 나는 학생들과 친밀한 관계를 형성하고, 그들은 나를 신뢰 하는가?	☐
	25. 학생들은 나의 수업에 열성을 가지고 반응하고 있는가?	☐
VI. 성실과 정직	26. 나와의 관계는 정직하고, 나의 기대는 현실적인가?	☐
	27. 학생들은 내가 그들로부터 원하는 바가 무엇인지 이해하고 있는가?	☐
	28. 학생들은 서로 협력하고, 나와도 협력하기를 원하는가?	☐
VII. 단호함	29. 학생들은 나를 존경하고, 또한 나에게서 따뜻함을 느끼는가?	☐
	30. 학생들은 항상 내가 그들에게 기대하는 것이 무엇인지 알고 있는가?	☐
	31. 학생들은 어떤 결정이 그들의 안전을 위한 궁극적이고 최 선의 것인지 알고 있는가?	☐

VIII. 신속함, 효율성, 체계성	32. 나는 모든 수업을 계획된 시간 안에 시작하고 끝마치는가?	☐
	33. 나는 수업과 하루 일과를 미리 계획하고 준비하는가?	☐
	34. 학생들은 나의 준비된 계획을 인지하고, 그것에 알맞게 반응하는가?	☐
IX. 긍정, 격려 태도	35. 나는 좋은 향상을 알아차려 주는가?	☐
	36. 학생들이 실수했을 때, 친절하게 더 잘할 수 있도록 격려하는가?	☐
X. 민주적 리더십	37. 나는 학생들과 효과적인 의사소통을 하는가?	☐
	38. 학생들은 학급을 위한 1인 1역할을 수행하고 있는가?	☐
	39. 학생들의 연령과 발달단계에 따라 자신의 의견을 제안하고, 제안을 실행하거나 활동을 조직하는 것과 관련된 의사결정 과정에 참여하는가?	☐
XI. 전문적 지위	40. 나는 교육 저널과 다른 관련 자료를 읽는가?	☐
	41. 나는 회의, 워크숍, 세미나에 참석하는가?	☐
XII. 훌륭한 교사의 기본자질	42. 나는 책임질 수 있는 방식으로 행동하는가?	☐
	43. 나는 재능 있는 학생을 위한 풍부한 자료를 찾는 지략이 있는가?	☐
	44. 나는 합리적인 요구를 하는가?	☐
	45. 나는 학생들의 요구에 말이나 행동으로 관심을 보이는가?	☐

출처: Dreikurs, R., Cassel, P., & Ferguson, E. D. (2004). *Discipline without tears: How to reduce conflict and establish cooperation in the classroom* (Rev. ed.). Canada: Wiley.

2. Crucial Cs를 중심으로 학급을 경영하는 교사

다소 생소한 단어인 'Crucial Cs'는 모든 아이들이 필수적으로 갖추어야 할 내적 보호 요인으로 아들러 심리학자들이 제안한 개념이다(Lew & Bettner, 1998). 성공한 아이들은 다른 사람들과 밀접한 관계를 맺고, 그들이 속한 사회에서 '내가 중요한 사람이구나.'라고 생각하며, 자신이 스스로 삶을 통제하고 있다고 느낀다. 반면, 어려움에 직면한 아이들은 자신이 고립되었다고 생각하며, 이 사회에서 쓸모없고 무능력한 존재라고 느낀다. 아들러 심리학자들은 어려움을 겪고 있는 아이들은 삶의 도전을 성공적으로 헤쳐 나가기 위해 필수적으로 가지고 있어야 할 Crucial Cs 중에서 한 가지 이상이 결핍된 것으로 보았다.

아들러 심리학자들은 위의 네 가지 영어 단어(Connect, Capable, Count, Courage)의 첫 알파벳 글자를 조합하여 '필수적인 C들', 즉 'Crucial Cs'라고 이름을 붙였다. Crucial Cs를 우리말로 풀이하면 '관계, 능력, 중요, 용기'이다. 아들러를 실천하는 교사는 학생들의 성장과 발달에 필수적인 보호 요인인 Crucial Cs를 중심으로 학급 경영 계획을 수립하고, 학생 지도 방안을 마련할 수 있을 것이다. 네 가지 Crucial Cs는 [그림 3-1]과 같다.

[그림 3-1] Crucial Cs

첫 번째 C는 'Connect(관계)'이다. 친밀하고 안정적인 애착을 통해 긍정적인 감정을 발달시킨 아이들은 다른 사람들과 관계를 맺는데 자신감을 갖게 되며 친구를 잘 사귀고 협력한다. 반면, 다른 사람과 관계를 맺는 능력을 갖지 못하는 아이들은 불안정하고 소외감을 느끼며 두려움을 갖는다. 특히 청소년 시기에는 또래 압력에 의해 쉽게 좌지우지하게 된다. 그래서 다른 사람과 항상 어울려야만 한다고 생각하고 그렇지 않으며 따돌림을 당할까 봐 불안해한다. 건설적인 방법으로 관계를 맺는 학생은 안정감을 느끼며 원만한 교우 관계를 형성하고 상호 협력할 수 있다. 이들은 "나는 소속되어 있어."라고 확신하며, 가족, 학교, 사회의 구성원으로 다른 사람들과 관계를 잘 형성한다.

두 번째 C는 'Capable(능력)'이다. 아이들이 성장하여 의존에서 독립으로 향하기 위해서는 독립할 수 있는 능력을 길러야 한다. 독립한다는 것은 지속적인 생애 과업을 달성함에 있어서 어느 정도 자기만족감을 얻는다는 것이다. 건설적인 방법으로 자신의 능력을 나타내지 않는 학생들은 부적절하게 행동하고, 다른 사람을 지배하려고 하거나 반항적으로 행동한다. 반면, 자신의 능력을 믿는 학생들은 유능하고 자립적이며 책임감이 강하다. 이들은 자신을 돌볼 수 있는 충분한 능력을 가지고 있으며, '나는 할 수 있어.'라고 믿고 독립적으로 행동한다.

세 번째 C는 자신이 가치 있는 존재라고 생각하는 'Count(중요)'이다. 우리 모두는 자신이 다른 사람에게 영향을 미칠 수 있고, 자신이 중요한 사람이라고 느끼고 싶어 한다. 건설적인 방법으로 존재감을 나타내지 않는 학생들은 자신이 중요한 존재가 아니라고 느끼고 상처를 받는다. 그리고 상처받은 만큼 돌려주고 싶어 하며 복수하기를 선택하게 된다. 반면, 긍정적인 방법으로 자신의 중요함을 드러낼 수 있다고 믿는 학생들은 건설적으로 행동한다. 이들은 "나는 중요하고 다른 사람에게 영향을 줄 수 있어."라고 확신한다.

네 번째 C는 인생의 도전과 어려움을 극복하기 위한 'Courage(용기)'이다. 아이들이 어떤 새로운 행동을 배울 때 당연히 처음부터 성공할 수 없다. 자전거 타기, 수영처럼 여러 번의 시행착오를 통해 그 행동을 할 수 있게 된다. 용기는 두려움이 없는 것이 아니라 두려움에도 불구하고 앞으로 나아가고 필요한 일을 하려고 하는 의지이다. 그러나 용기가 없는 학생들은 할 수 없는 일에 초점을 맞춘다. 그들은 쉽게 포기하고 다른 사람들이 그들을 포기하게 함으로써 두려움과 실패의 감정을 회피하려고 한다. 용기가 있는 학생들은 희망을 가지고 어려움과 도전을 극복할 수 있는 힘과 자아 탄력성이 있다. 이들은 '나는 어떤 일이든 다룰 수 있어.'라고 믿는다.

이제까지 살펴본 내용을 토대로 Crucial Cs를 가지고 있는 사람과 그렇지 못한 사람의 구체적인 특징을 정리하면 〈표 3-3〉과 같다.

〈표 3-3〉 Crucial Cs

Crucial Cs가 있다면		Crucial Cs가 없다면
	관계	
• 안정감 • 다른 사람에게 손을 내밀 수 있음 • 친구를 사귈 수 있음 • 협력	나는 소속되었다.	• 불안정, 소외 • 또래 압력에 쉽게 굴복함 • 관심 끌기

	능력	
• 유능함 • 자기 통제, 자기 훈육 • 책임감 • 독립	나는 할 수 있다.	• 부적절함 • 타인 통제, 반항(당신들은 나를 마음대로 할 수 없어!) • 의존, 힘 추구
	중요	
• 가치감 • 존재를 중시함 • 건설적인 공헌	나는 중요하다.	• 무의미함 • 상처받은 만큼 돌려주려함 • 복수하기

아이들이 Crucial Cs를 유용한 방식으로 찾기를 바란다면
그들에게 필요한 것은~

	용기	
• 희망 • 기꺼이 도전함 • 자아 탄력성	나는 어떤 일이든 다룰 수 있다.	• 열등감 • 포기함 • 회피

출처: Lew, A., & Bettner, B. L. (1998). *Responsibility in the Classroom: A Teacher's Guide to Understanding and Motivating Students.* PA: Connexions Press.

3. 행동 수정보다는 동기 수정하는 교사

학생의 잘못된 행동이란 다른 사람의 권리나 안전을 존중하지 않거나 무시하는 행동이나 말이다. 협력을 거절하거나 자기 자신을 파괴하거나 손상시키는 행동이다. 그리고 상황이나 법의 요구에 맞지 않게 행동하는 것을 말한다(Dinkmeyer & Mckay, 1998). 부적절한 행동은 잘못된 방식으로 소속감을 얻기 위한 행동이다. 또한 자신의 열등감을 보상하기 위해 파괴적인 방법으로 우월성을 획득하

고자 하는 것이다. 기존의 전통적인 교실에서 교사는 학생의 드러
난 문제 행동을 교정하는 데 주목하였다. 반성문 쓰기, 타임아웃, 보
상 제도(예: 스티커, 쿠폰, 점수), 심지어는 체벌을 통해서 학생의 부
적절한 행동을 수정하기 위해 노력하였다. 그러나 이런 훈육 방식
은 일시적인 효과가 있을 수 있으나 본질적인 문제해결을 기대하기
는 어렵다. 따라서 아들러는 부적절하고 파괴적인 행동을 하는 학
생을 지도하기 위해서는 행동의 목적을 이해하고, 잘못된 동기를 바
람직한 방향으로 수정하는 것이 중요하다고 강조하였다.

1) 아동의 잘못된 행동 목적

모든 행동에는 목적이 있다는 아들러의 가정은 교실에서 학생의
행동을 관찰할 때 매우 흥미로운 관점을 제공한다. 드레이커스는
잘못된 행동을 하는 아이는 낙담한 아이라고 생각하였으며, 아동의
잘못된 행동 목적을 관심 끌기(attention), 힘겨루기(power struggle),
복수하기(revenge), 무능력 보이기(display of inadequacy)로 구분하
였다(sweeney, 1998). [그림 3-2]에 나타난 아동의 잘못된 행동의
네 가지 목적은 교사가 학생의 행동을 이해하고, 잘못된 목적을 긍
정적으로 변화시키도록 돕는 지도 방안을 고민할 때 훌륭한 참조 틀
이 된다.

[그림 3-2] 아동의 잘못된 행동의 네 가지 목적(Dreikurs, 1968)

관심 끌기를 하는 학생은 자신이 주목받을 때만 소속감을 느낀다
고 믿는다. 학생은 불안전하고 소외되었다고 느끼면서 관심 끌기의
부정적인 목적을 갖게 된다. 교사는 학생의 행동이 귀찮고 짜증이
난다. 교사는 학생에게 다시 알려 주거나 달랜다. 학생은 일시적으
로 중단했다가 같거나 다른 방법으로 관심을 끄는 행동을 다시 시작
한다.

힘겨루기를 하는 학생은 교사가 자신을 통제하거나 멈추게 할 수
없다는 것을 과시할 때 소속감을 느낀다고 확신한다. 부적절하고
독립적이며, 다른 사람을 통제할 수 있다고 느끼면서 힘겨루기의 부
정적인 목적을 갖게 된다. 교사는 학생에게 화가 나고 도전을 받았
다고 느낀다. 대체로 교사의 반응은 학생이 복종할 때까지 학생과
계속 싸움을 한다. 이에 학생은 더욱 심하게 힘겨루기를 하거나 도
전적으로 굴복하기도 한다.

복수하기를 추구하는 학생은 다른 사람들이 자신에게 반대하고

누구도 자신을 좋아하지 않으며, 자신이 가치가 없다고 느낀다. 이들은 복수하고 앙갚음함으로써 자신의 존재를 드러내려는 잘못된 목적을 갖게 된다. 교사 역시 이런 학생에게 깊은 상처를 받고 처벌하고 싶다는 생각을 한다. "네가 나에게 어떻게 이럴 수 있지?" "내가 너에게 뭐가 옳은지 분명하게 가르쳐 주겠어."라고 하면서 처벌하고 보복하려고 한다. 이에 학생은 더 심한 복수 방법을 찾으면서 교사가 자신을 좋아하지 않게 만들려고 한다.

무능력 보이기를 추구하는 학생은 '나는 어떤 일도 제대로 할 수 없기 때문에 아예 시도조차 안 할 거야. 만약 내가 시도한다면 난 분명히 실패할 거야.'라고 생각한다. 열등감, 쓸모없음을 느끼면서 회피하기의 부정적인 목적을 갖게 된다. 교사는 실망하고 무력감을 느끼며, 결국 포기하고 '소용없어.'라고 생각한다. 이에 학생은 더욱 수동적인 태도로 변화를 회피하며 무기력해진다.

2) 잘못된 동기 수정하기

아들러 학파는 사회적으로 유용한 생활양식을 가진 건강한 사람은 Crucial Cs를 가지고 있다고 보았다. 교사는 학생의 잘못된 동기를 수정하기 위해 그 학생에게 결핍된 Crucial Cs가 무엇인지 탐색하는 노력이 필요하다. Crucial Cs와 부정적·긍정적 목적과의 관계를 살펴보면 〈표 3-4〉와 같다. '관계(Connect)'는 관심 끌기(-) 대 협력(+), '능력(Capable)'은 힘겨루기(-) 대 독립(+), '중요(Count)'는 복수하기(-) 대 공헌(+), '용기(Courage)'는 무능력 보이기(-) 대 적응유연성(+)과 같이 Crucial Cs가 결핍된 경우 마이너스(−) 방향의 부정적 목적을, Crucial Cs가 충족된 경우 플러스(+) 방향의 긍정적 목적을 추구한다. 이러한 관계에서 Crucial Cs는 부정적 목적을 긍정적 목적으로 변화시키는 해결 방법에 관한 중요한 열쇠가 된다 (Lew & Bettner, 1998). 실제적이며 구체적인 동기 수정 기법은 제4장 동기 수정에서 다루기로 한다.

〈표 3-4〉 Crucial Cs와 부정적 · 긍정적 목적과의 관계

부정적 목적		Crucial Cs		긍정적 목적
관심 끌기	←	관계	→	협력(관여)
힘겨루기	결핍	능력	충족	독립
복수하기	(−)	중요	(+)	공헌(공정)
무능력 보이기		용기		적응유연성(유능함)

4. 효과적으로 의사소통하는 교사

훌륭한 민주적인 교사는 학생에게 친절하지만 단호하며, 교사가 먼저 변화를 위해 노력한다. 교사와 학생의 관계가 평등하게 변화했기 때문에 우리는 서로를 대하는 새로운 의사소통 방식을 배워야만 한다. 따라서 아들러를 실천하는 민주적 교사가 갖추어야 할 필수적인 역량 중 하나는 바로 효과적인 의사소통 기술이다.

교사의 목소리를 통해 학생에게 교사의 진정한 태도와 감정이 전달된다. 교사가 긍정적인 어조를 사용하다 보면 교사의 부정적인 감정을 줄이는 데 도움이 될 수 있다. 교사는 자신의 비언어적 의사

소통을 놓쳐서는 안 된다. 학생은 교사의 말이 다정하다 해도 비언어적 의사소통인 얼굴 표정과 자세가 그렇지 않을 경우 교사의 진짜 감정을 직감으로 구별할 수 있다. 설령 학생의 행동이 너무 심각해서 용납할 수 없는 것이라도 인격을 가진 인간으로 존중하면서 이야기해야 한다. 이때 교사는 즉흥적이고 감정적으로 대처하지 않도록 주의해야 한다.

학급에서 적극적으로 활용할 수 있는 의사소통 향상 프로그램을 소개하고자 한다. 학교폭력예방 연구지원 센터(http://stopbullying.kedi.re.kr)에서 개발한 '어울림 프로그램'에는 초 · 중 · 고등학생, 학부모, 교사를 대상으로 안전한 학교 문화 형성을 위한 다양한 프로그램이 제공되고 있다. 특히 공감, 의사소통, 갈등 해결, 감정 조절 등의 핵심 역량을 향상시키기 위한 기본 및 심화 프로그램이 개발되어 있다. 학생의 연령이나 상황에 따라 적절한 프로그램을 찾아 활용하면 도움을 받을 수 있을 것이다. 여기서는 [그림 3-3]과 같이 핵심적인 두 가지 의사소통 기술인 학생을 이해하기 위한 '반영적 경청(reflective listening)'과 학생들에게 교사 자신을 표현하기 위한 '나 전달법(I-message)'을 살펴보고자 한다.

[그림 3-3] 의사소통 기술

1) 반영적 경청

(1) 반영적 경청의 필요성

학생이 이야기를 마치기도 전에 재빨리 충고를 해 주거나 안절부절 못하는 불안한 학생을 외면한 적이 있는가? 과중한 업무에 시달려 학생과 눈 맞춤도 하지 않은 채 건성으로 학생 말에 대답하거나 심지어 못들은 척 한 적이 있는가? 학교에서 학생은 즐거움, 좌절, 흥분, 분노, 환희 등 여러 가지 감정을 느끼며 표현한다. 만약 교사가 학생의 이러한 감정들을 무시한 채 지적 교육만 강조한다면 학생은 교사에게 협력하지 않고 존중하지도 않을 것이다.

효과적인 경청 기술은 처음부터 타고나는 것은 아니다. 부단한 노력의 결과로 반영적 경청을 할 수 있게 된다. 민감하게 경청함으로써 교사는 학생과의 관계를 더욱 향상시킬 수 있다. 학생이 생각하고 느끼는 것에 대해 교사가 진심어린 관심을 보일 때 학생은 마음의 문을 열기 시작한다. 그러나 우리는 다른 사람의 말을 듣는 중에 또는 말을 끝까지 듣기도 전에 내 생각과 의견에 심취하여 다른 사람이 진정으로 전달하고자 하는 말의 의미를 이해하지 못하는 경우가 많다. 교사는 학생의 말이나 감정을 구체적으로 듣지 않고서는 학생의 행동을 이해하기 어렵고 격려하기도 힘들다.

학생이 다가와서 자신이 화난 일에 대해 이야기할 때, 교사가 주로 반응하는 방식은 다음과 같다. "진정해라. 앉아서 조용히 해. 한 번만 더 괴롭히면 선생님이 …… 할 거야."와 같은 명령, 통제, 요구, 협박을 사용하는 최고사령관 역할을 한다. "네가 그렇게 화를 내고 싸우는 것은 나쁜 일이야. 좀 더 착해지고 열심히 공부해야 훌륭한 사람이 되지."처럼 당위적이며 화를 내는 것이 잘못이라는 도덕주의자 역할도 한다. 때로는 설교하고 조언하고 추론하면서 무엇이든지 아는 척을 한다. "네가 화를 내는 것은 이 상황에서 아무런 도움이 안 된단다. 수업 시간에는 말을 잘 듣지도 않으면서. 쉬는 시간에만 이렇게 열심히 하는구나."와 같이 심판자나 비판자 역할도 한다. 때로는 "너무 걱정하지 마. 잘 될 거야. 조금 쉬고 나면 괜찮을 거야."와 같이 무감각한 위로를 하기도 한다(Dinkmeyer, Mckay, & Dinkmeyer, 2000). 앞 사례의 교사들은 의도적으로 학생을 좌절시키거나 상처를 주려던 것은 아닐 것이다. 단지 바람직한 반영적 경청 기술이 부족해서 이를 인식하지 못할 뿐이다.

(2) 경청하는 교사

교사가 학생들의 언어적, 비언어적 메시지를 반영적으로 경청하는 것은 의사소통의 중요한 출발점이다. 의사소통 기술이 뛰어난 교사는 차분하게 학생의 말을 끝까지 듣고, 판결을 미루며 반영적으로 경청한다. 상호 존중의 분위기에서 교사는 학생의 감정을 수용하고 존중하고 있다는 것을 보여 주어야 한다. 또한 편안한 모습으로 학생을 대하고, 앞쪽으로 허리를 구부려서 학생과 눈높이를 맞출 필요가 있다. 교사가 시간을 아까워하거나 급하게 재촉해서는 안 된다. 교사의 말하는 내용이 목소리 톤이나 자세와 일치하지 않으면 학생은 금세 알아차린다.

반영적 경청이란 앵무새처럼 학생이 말한 것을 되풀이하는 것이 아니라 학생이 의미하고 말했던 것을 바꾸어 말함으로써 학생의 메시지를 반영해 주는 것이다. 교사는 학생의 표정, 태도, 목소리 톤, 말투를 자세하게 관찰하여 감정을 읽어 내야 한다. 학생이 단순하게 감정을 나타내는 단어(예: 화가 났어, 속상해.)를 사용할 때, 교사는 그 단어를 반복하거나 다른 감정 단어를 사용한다. 이때 학생의 감정을 인식하여 비언어적 단서를 언어로 바꾸어 주는 것이 중요하다. 예를 들면, 학생이 "오늘 수업 시간에 계속 손을 들었는데 선생님께서 다른 애들만 시켰어요."라고 말했다. 교사는 "정말 속상하기도 하고, 화도 났겠구나."라고 감정을 반영할 수 있다(Dinkmeyer, Mckay, & Dinkmeyer, 2000).

교사는 어떤 학생에게 어떤 단어를 사용하여 반영할 것인가에 대해 민감해야 한다. 그리고 가장 적절한 감정 단어를 선택하여 사용해야 한다. 교사는 유쾌한 감정 및 불쾌한 감정과 관련된 단어들을 알고 사용하는 데 능숙해질 필요가 있다. 잠시 멈추고, 유쾌한 감정과 불쾌한 감정을 나타내는 낱말을 생각나는 대로 떠올려 보자. 만일 몇 개의 단순한 단어만 떠오른다면 감정 단어들을 조사하여 능숙하게 사용하도록 노력해야 한다. 학생의 감정에 대해 불충분하게 말하는 것보다 여러 가지 감정 단어로 학생의 마음을 읽어 주는 것이 더욱 좋다.

"너는 …… 때문에 ……하게 느끼는구나."

"너는 …… 때문에 ……하게 느끼는구나."처럼 학생의 감정을 따라가는 동시에 상황이나 이유를 덧붙여 말하는 것이 좋다. 예를 들면, 학생이 "나는 다시는 그 애랑 안 놀 거예요. 그 애는 너무 치사해요!"라고 말했다고 하자. 교사는 "너는 그 친구가 너에게 불공평해서 화가 난 모양이구나."라고 반응할 수 있다. 반영적 경청은 정해진 답이 없다. 교사가 정확하게 반영했는지를 알 수 있는 유일한 방법은 학생의 반응을 관찰하는 것이다. 교사가 학생의 느낌을 제대로 파악했거나 적어도 근접했다면 학생은 교사에게 마음의 문을 열기 시작한다.

2) 나 전달법

반영적 경청을 통해 학생은 교사의 열정적인 관심을 재빨리 알아차리고 반응하게 된다. 이제 교사는 학생에게 교사 자신의 감정을 표현할 새로운 의사소통 기술을 배울 필요가 있다. 학생을 비난하거나 무시하지 않고, 교사의 감정을 알릴 수 있는 적절한 방법은 '나 전달법(I-message)'을 사용하는 것이다(Gordon, 1974). 교사도 민주적 교실의 동등한 구성원이기 때문에 자신을 표현할 권리가 있다.

(1) 누가 문제를 소유하였는가?

자신의 행동에 대한 책임을 지기 위해 교실 문제 행동을 누가 소유하였는지 판단할 필요가 있다. 많은 교사들은 교실의 모든 문제에 교사가 직접 개입하고 해결해야 한다는 압박감에 시달린다. 그러나 어떤 문제는 교사가 아닌 오로지 학생이 소유하고 있다. 자신의 문제를 스스로 해결해야 할 책임이 학생에게 있는 것이다.

왜 문제의 소유권이 중요할까? 그 이유는 민주적 교실에서는 구성원 모두가 자신의 행동에 책임을 져야 하기 때문이다. 안전한 학교와 교실의 수업을 방해하는 문제는 해결되어야만 한다. 교사는 스스로에게 다음과 같은 질문을 할 필요가 있다. "이 문제 행동이 내 수업이나 교권, 안전에 직접적인 방해가 되는가, 아니면 다른 학생들이나 문제를 일으킨 학생의 안전이나 권리를 위협하는가?" 이에 대한 답에 따라 문제 소유자가 교사인지 학생인지를 결정할 수 있다.

문제 소유가 누구에게 있는지에 따라 학생이 문제를 소유한 경우 반영적 경청을 사용하고, 교사가 문제를 소유한 경우 나 전달법을 사용하는 것이 적합하다. 예를 들면, 학생이 친구와 싸운 후 울고 있다. 문제의 소유는 누구인가? 학생이다. 이때 교사는 "친구와 싸워서 매우 슬프구나."와 같은 반영적 경청으로 의사소통할 수 있다. 한편 바른 자세로 앉지 못하고 의자를 앞뒤로 흔들던 학생이 넘어질 뻔했다. 문제의 소유는 누구인가? 교사이다. 이때 교사는 "의자를 앞뒤로 흔들면 선생님은 네가 넘어질까 봐 걱정이 된단다."와 같은 나 전달법 사용할 수 있다(Dinkmeyer, Mckay, & Dinkmeyer, 2000).

(2) 나 전달법

나 전달법은 말하는 이의 관심과 감정을 조용하게 상대방을 존중하는 태도로 전하는 것이다. 학생에게 교사의 감정과 관심을 적절하게 표현할 수 있으며 협력 관계를 구축할 수 있다. 교사는 자신의 감정에 대한 책임을 지고, 학생들의 행동은 그들에게 맡기는 것이다. 나 전달법은 학생이 적절히 반응할 것이라는 믿음에서 시작되며 부적절한 행동 목표를 강화시키지 않는다. 그러나 화난 상태에서의 나 전달법은 너 전달법과 같은 결과를 가져온다. 그러므로 화난 학생이 침착해질 때까지 시간을 갖고 반응을 미룰 필요가 있다. 효과적인 나 전달법은 다음과 같다(Gordon, 1974).

〈나 전달법〉

네가 _____ 해서(~것이) 나에게 문제가 된다.

그래서 나는 _____ 하게 느낀다.

왜냐하면 _____ 때문이야.

나는 네가 _____ 하면 좋겠구나(~해 주겠니?).

첫째, 문제가 되는 상대방의 행동을 기술한다. 비난하거나 판단하지 않고 문제 행동이나 상황을 그대로 묘사하는 것이다. 부정적인 반응이나 해석을 하는 것을 멈추고, 가능한 상대방의 행동을 있는 그대로 말하는 것이 중요하다. 예를 들면, "수업 시간에 선생님 설명을 듣지 않고 짝꿍과 계속 이야기를 하는구나."이다.

둘째, 자신의 감정을 '나'를 주어로 하여 상대방에게 전달한다. 부정적인 감정으로 표현하는 대신 그 행동으로 일어날 수 있는 일에 대한 자신의 감정을 이야기하는 것이다. 예를 들면, "수업 시간에 선생님 설명을 듣지 않고 짝꿍과 계속 이야기를 하니, 선생님은 신경이 쓰이고 마음이 답답하구나."이다.

셋째, 그 행동이 계속되었을 때 예상되는 결과와 상대방에게 요구 사항을 전달한다. 자신의 감정을 표현하는 것으로 상대방에게 원하는 것이 충분하게 전달될 수 있지만, 분명하게 자신의 요구 사항을 전달하는 것이 보다 효과적이다. 예를 들면, "수업 시간에 짝꿍과 계속 이야기하고 선생님 설명을 듣지 않는다면 학습 내용을 이해하지 못하게 될 거야. 선생님은 네가 수업 시간에 선생님과 친구들을 위해 경청하고 열심히 참여해 주었으면 좋겠구나."이다. 이러한 단계에 맞추어 교사에게 문제가 되는 상황이 발생했다고 가정하고, 학생에게 사용할 수 있는 나 전달법을 구성하여 연습하는 것은 도움이 될 것이다.

나 전달법은 학생의 감정이 아니라 교사의 감정에 초점을 둔다. 그리고 학생의 행동을 판단하지 않고 사실 그대로 이야기한다. 나 전달법은 감정과 학생의 행동에 대한 결과를 연결시켜 준다. 어느 누구도 비난하지 않으며, 유쾌한 감정을 전달할 수도 있다. 그 말은 상대를 격려하는 좋은 방법이 된다. 너 전달법에 익숙한 교사일수록 여러 가지 교실 상황에서 나 전달법을 적절하게 사용하기 위해 많은 연습과 노력을 해야 한다. "……할 때, ……이니까 나는 …… 하다."라는 형식을 사용하는 것이 좋다. 예를 들면, "네가 짝꿍의 별명을 부르고 놀릴 때, 그 친구가 화가 나고 속상해서 너와 관계가 나빠질까봐 선생님은 걱정이 된단다."와 같다.

5. 칭찬보다는 격려하는 교사

잠시 눈을 감고 어린 시절을 떠올려 보자. 나에게 기쁘고 신나는 일이 생겼을 때, 누구에게 가장 먼저 뛰어가 이 일을 전하고 싶었는가? 혹은 내가 매우 슬프고 마음이 아파서 울고 싶을 때, 누구에게 찾아가 이야기하였는가? 나의 이야기를 들어주셨던 그분은 나에게 어떤 반응을 해 주셨는가? 그분의 어떤 점이 내 마음에 용기를 주었는가? 당신이 떠올린 그 사람은 바로 당신을 격려해 주셨던 분이다. 기억 속에서 나를 격려해 주신 분은 나에게 용기를 주셨고, 나의 말을 경청해 주었으며, 무엇보다 나를 비판하거나 함부로 판단하지 않고 무조건적으로 수용해 주었을 것이다. 그러한 격려의 말과 행동은 당신이 삶의 어려움과 도전에 부딪힐 때마다 다시 목표를 향해 나아갈 수 있는 용기와 긍정 에너지가 되었을 것이다.

1) 격려의 힘

아들러가 지향하는 민주적 교사는 바로 격려를 통해 동기를 유발하는 교사이다. 격려란 용기와 희망, 새로운 정신을 갖게 함으로써 다른 사람에게 생기를 불어 넣는 행동이다. 긍정적으로 변화하도록 개인의 내적 자원과 용기의 발달을 촉진시키는 과정이다. '격려하다.'의 영어 표현은 'encourage'이다. 영어 접두사 'en'(~하게 하다)과 'courage'(용기)의 합성어로 우리말로 해석하면 '용기를 불러일으킨다.'는 뜻이다. '격려하다.'의 반대말은 'discourage'인데, 이는 '용기를 꺾는다' '낙담시키다' '좌절시키다'라는 의미이다.

격려는 행동을 변화시키는 가장 핵심 요인이다(Lundin, 1989). 격려의 목적은 학생의 자신감을 높이고 용기를 불러일으키는 것이다. 교사가 학생을 격려하기 위해서는 작은 성공 경험들을 쌓아 긍정 자산을 만들고, 이를 통해 자아 존중감을 높이도록 해야 한다. 성공 경험은 충족감, 자기 수용, 확신을 가져온다. 자아 존중감은 과거 성공 경험에 대한 개인의 기억이 쌓여서 형성된다. 격려받은 학생은 자신을 긍정적으로 생각하고 학급에 공헌하는 적절한 방식으로 소속감을 얻으며 친구와 원만한 관계를 형성하게 된다.

격려는 교사에게 부적절한 행동에 대한 적절한 대안을 찾거나 학생의 긍정적인 변화를 인식하게 하고 학생에 대한 믿음을 보여 주는 새로운 안목을 갖게 한다. 학생을 더욱 신뢰할수록 더 많은 강점을 볼 수 있고, 더 많은 격려를 할 수 있게 된다. 교실의 학생들은 상호 존중하는 분위기에서 서로의 생각을 격려하고 자유롭게 이야기를 나눌 때, 자아 존중감뿐만 아니라 창의적 사고력, 적응 유연성도 높아진다(Dinkmeyer & Losoncy, 1996).

가랑비에 옷이 젖는 것처럼, 일상생활에서 습관처럼 반복되는 소소한 격려가 낙담한 학생에게 서서히 용기를 불러일으킨다. 교사가 제공한 격려를 통해 학생은 자신과 타인 그리고 세상에 대한 새로운 관점을 발달시킨다. 학생은 새로운 눈으로 세상을 바라보고, 모든 일에 대해 보다 생산적이고 긍정적인 관점을 갖게 되며, 책임감과 자신감을 키워 나가게 된다.

2) 불완전할 용기 갖기

아들러를 실천하는 교사는 인간이 불완전한 존재임을 깊이 인식하고, 자신과 학생들의 불완전한 모습을 지금 그대로의 모습으로 받아들이고 존중해야 한다. 모든 인간은 열등감을 피할 수 없으며, 열등감은 부정적인 것이 아니라 모두에게 해당하는 보편적인 현상이다. 인간은 평생 동안 자신의 열등감을 극복하여 보상하는 방향으로 우월성을 추구하면서 살아간다. 열등감은 우월을 추구하는 긍정적인 에너지로 작용하며, 이러한 과정은 개인의 생활양식으로 드러난다.

아들러를 실천하는 교사는 자신의 열등하고 불완전한 모습으로 인해 낙담하고 포기하는 것이 아니라 더 나은 모습, 더 완전한 모습으로 나아가려고 노력하는 과정을 소중하게 여기고, 이러한 내적 동기를 통해 자기 성장을 이루어간다. 긍정적이고 건설적인 방법으로 우월을 추구하면서 교사는 자신과 학생들의 불완전하고 열등한 모습을 직면하고 받아들이게 된다. 자신의 불완전함을 진심으로 인정하고 받아들이는 것은 아들러를 실천하는 교사가 되는 데 매우 중요하다. 완벽해도 살아남기 어려운데 무슨 엉뚱한 말이냐고 반문할 수 있다. 그러나 사람은 모두 불완전하다. 완벽 욕구는 자신뿐만 아니라 학생에게도 매우 엄격하고 수준 높은 기준을 요구하게 한다. 교사가 불완전할 용기를 발전시킨다면 자신뿐만 아니라 학생에게도 보다 너그러워지고 격려하는 태도를 발전시킬 수 있다.

이러한 과정이 서서히 이루어지더라도 혹은 다시 이전의 모습으로 돌아간다 할지라도 용기를 잃지 말아야 한다. 당신 자신을 보다 훌륭한 교사로 만들기 위한 필연적인 위기의 과정이기 때문이다. 그 순간 잠시 멈추고 다시 불완전할 용기를 갖도록 마음의 방향을 전환하면 된다. 격려는 단순한 기법이 아니라 삶의 철학이다. 교사가 기존의 방식을 과감하게 탈피하여, 학급 구성원들 간에 서로 격려하도록 변화시키기 위해서는 끊임없는 노력이 필요하다. 칭찬 대신 격려로 동기 유발하는 교사가 되기 위해 효과적인 격려 기술을 익힐 필요가 있다. 격려와 칭찬의 차이점, 구체적인 격려의 기술은 제6장 격려하기에서 다루고자 한다.

6. 처벌보다는 결과로 훈육하는 교사

교사는 학생들이 요구하고 기대하는 자유를 누리게 하는 동시에 교수 학습 과정에서 필요한 질서와 지도를 명확하게 할 수 있는 새로운 훈육 방법이 필요하다고 느끼고 있다. 아들러 심리학이 지향하는 민주적 교사는 기존의 행동주의 방식을 학생 훈육에 사용하려 할 때 마음속에 불편감이 느껴질 것이다. 왜냐하면 행동주의는 인간의 자유로운 창조성과 선택, 개인의 고유성과 독특함을 인정하지 않는 획일적인 조건화 방법을 사용하기 때문이다. 그렇다면 아들러를 실천하는 교사는 학생들을 어떻게 훈육할 수 있을까?

학급 질서를 세우는 것은 교사와 학생 모두에게 중요한 과제이다. 학급 질서가 무너지면 학생의 안전한 학교생활은 물론 교과 학습에도 부정적인 영향을 미친다. 기존 교실에서 대부분 교사가 사용하였던 처벌은 일시적으로 그 행동을 멈추게 하는 효과는 있지만 복수심과 분노를 키우며, 장기적으로 볼 때 잘못된 행동을 수정하거나 그 행동의 목적을 바꿀 수도 없다. 따라서 아들러는 교사에게 처벌 대신 선택과 결과로 훈육하여 동기를 수정하는 것이 바람직하다고 조언하고 있다. 학생의 개별성과 자율성을 존중하면서 학급 질서를 지키기 위한 민주적 방법인 자연적 결과, 임의적 결과, 논리적 결과에 대해 살펴보자.

1) 자연적 결과

자연적 결과(natural consequences)란 다른 사람의 간섭 없이 사건의 자연적인 흐름이나 현실에 따라 정해진 결과를 말한다. 예를 들면, 음식을 먹지 않으면 배고픔을 느끼고, 아주 추운 겨울날 외투를 입지 않고 밖에 나가면 추위에 떨게 된다. 이러한 결과는 모든 사람에게 동일하게 적용되며 어떠한 다른 개입 없이 자연스럽게 발생한다. 이때 학생은 다른 사람의 개입 없이 스스로 내린 결정에 대한 결과이기 때문에 그로 인한 불편함을 자신의 책임으로 받아들이게 된다(노안영 외, 2011). 교사는 자연적 결과에 따라 "음식을 먹지 않으면 배가 고프다는 것을 알게 되었구나." "추우면 어떻게 해야 하는지 알게 되었구나."처럼 친절한 태도로 그 행동에 대한 안타까운 마음을 표현하면 된다. 학생을 꾸짖거나 비판하거나 설교할 필요가 없다. 학생은 자신의 행동이 가져오는 불편함을 피하기 위해 스스로 행동을 변화시키기로 결정한다. 이러한 자연적 결과를 통해 학생은 책임감, 자기 훈육, 내적 동기를 발달시킬 수 있다.

그러나 자연적 결과는 위험하고 파괴적인 행동, 행동의 결과가 발생하기에 시간이 많이 걸리는 경우, 개인의 행동이 타인에게 심각한 부정적 영향을 미치는 경우에 사용하기 어렵다는 한계점이 있다. 예를 들면, 자살이나 자해의 위험이 있는 경우나 잠들기 전에 이를 닦지 않아서 나중에 충치로 고통받는 것처럼 오랜 시간이 걸리는 경우, 학생의 폭력이나 괴롭힘이 친구에게 심각한 영향을 미치는 경우는 자연적 결과가 부적합하다.

2) 임의적 결과와 논리적 결과

논리적 결과(logical consequences)란 분별없는 행동이 초래한 결과이며, 다른 사람이 의도적으로 개입하여 그 행동에 논리적으로 관련이 있는 대가를 경험하게 하는 사회적 결과이다. 예를 들면, 책상에 낙서를 한 학생에게 낙서를 직접 지우도록 한다. '책상에 낙서를 한 일'은 분별없는 행동이며, '낙서를 지우도록 한다.'는 논리적 결과이다. 낙서한 행동에 대해 벌을 주거나 야단치지 않는다. 대신 논리적으로 연결되는 결과로 낙서를 지우는 경험을 하게 한다.

교실에서 논리적 결과는 한 학생의 문제 행동이 교사나 다른 친구들을 자극하였을 때 사용하게 된다. 예를 들면, 상우가 교실 바닥에 우유를 흘렸다. 교사는 화를 내거나 꾸중하는 대신에 친절하지만 단호한 태도로 상우에게 우유를 닦으라고 말했다. 문제 행동이 일어난 즉시 교사가 적용한 논리적 결과를 '임의적 결과(applied consequences)'라고 한다. 문제 행동이 발생했을 때 아무런 조치를 취하지 않으면 학생은 자신의 행동에 대한 결과를 경험할 수 없게 된다. 또한 시간이 지나면 종종 발생한 사건에 대해 잊어버리기도 한다. 이런 이유로 교사에 의한 논리적 결과가 즉시 적용되어야 하는 경우 임의적 결과를 사용한다. 임의적 결과를 적용한 다음, 교사와 학생은 학급회의와 같은 집단 토의를 통해 잘못된 행동과 결과에 대한 공동체적 합의를 이끌어 내야 한다. 그리고 다음번 문제 상황에서 이때 합의된 결과를 적용하면 된다. 이와 같이 집단에 의해 논의되고 받아들여진 결과가 '논리적 결과'가 된다(Dreikurs, Grunwald, & Pepper, 1998).

무엇보다 논리적 결과는 교사의 일방적인 가르침이 아니라 학생에게 이해되고 수용되어 토론의 과정을 거처 합의된 경우에 적용할 수 있다. 왜냐하면 논리적 결과를 적용하는 것은 다른 사람의 개입을 통해 특정 행동과 관련된 사회 질서를 배우도록 하는 것이 목적이기 때문이다. 학생이 선택권을 가지고 있을 때 방어와 저항이 줄어든다. 자신에게 통제력이 있다고 인식할 때 스스로 선택한 결과에 대한 합당한 대가를 치르는 것을 쉽게 받아들인다(Sweeney, 1998). 구성원 전체의 합의에 의해 결정된 논리적 결과를 통해 학급의 내적 질서가 발전되고, 교사와 학생 간 긍정적인 태도가 유지되며 상호 존중하게 된다. 논리적 결과를 효과적으로 사용하기 위한 구체적인 방법은 제7장 논리적 결과에서 다루고자 한다.

7. 개인보다는 학급 전체를 지도하는 교사

앞서 살펴본 것처럼 학급에서 교사가 '반영적 경청'을 통해 학생을 이해하고, '나 전달법'을 사용하여 자신의 감정을 솔직하게 표현했다면, 이제 교사는 무엇을 해야 할까? 바로 배움을 방해하는 문제들을 해결해야 하는 중요한 과제가 남아 있다. 교실에서 공동체의 안녕과 학습을 가로막는 문제들은 반드시 해결되어야 한다. 이를 위해 교사는 전체 학생들과 함께 공동체 안에서 문제를 해결하기 위한 회의를 할 수 있다.

아들러는 교육과정 운영에 학급 집단을 사용한 선구자 중 한 명이다. 오늘날 많은 교육학자들은 학생의 행동을 이해하고 공동체의 문제를 해결하기 위해 학급회의를 지지하고 있다. 어느 6학년 교실에서 발생한 사례를 함께 살펴보자.

한 학생이 교사와 계속되는 갈등으로 분노에 사로잡혔다. 이 학생은 3~4명의 다른 친구와 팀을 이루어 수업을 방해하고 친구를 괴롭히고 규칙을 위반하는 행동을 보란 듯이 했다. 처음에는 교사의 권위와 지시로 문제가 해결되는 것처럼 보였으나 곧바로 문제 행동은 반복되었고 점점 더 심해졌다. 학급의 질서는 무너졌고, 수업의 절반 이상을 이 학생들과 씨름하느라 보내게 되었다. 교사는 점차 지쳐가고 무기력해졌으며, 다른 학생들도 수업에 방해를 받자 학교생활에 불평을 토로하기 시작했다. 게다가 학급의 다른 학생들이 문제 행동을 모방하고 동조하는 현상까지 나타났다.

이 사례처럼 강한 하위 집단은 전체 학급을 움직여서 능력 있는 교사가 성취하려고 노력하는 모든 것을 허사로 돌릴 수 있다. 사실상 학생들이 교사에게 반대하여 뭉치기만 한다면, 두세 명의 학생으로도 수업을 불가능하게 만들 수도 있다(Dreikurs, Grunwald, & Pepper, 1998).

이제까지 교사 주도로 혼자서 문제해결책을 결정했거나 모든 문제의 소유가 마치 교사인 것처럼 무거운 짐을 혼자 짊어지고 있었다면 아들러 심리학에서는 과감히 학생을 믿고 문제해결을 위한 회의를 시작하기를 권한다. 상호 존중의 바탕 위에서 행해지는 학급회의는 학생과 교사 간 민주적인 관계를 형성하고 문제해결을 위한 원활한 소통의 장을 제공한다. 다양한 생각에 대한 효과적인 의사소통은 문제해결로 이어지며, 학생들은 토의를 통해 논란이 되는 문제들을 탐색하고, 다른 사람들과 함께 생각하고 결정하는 방법을 배우게 된다.

학생들이 효과적으로 학급회의를 배워가는 과정에서 교사는 공동체의 집단 역동을 사용하여 학급 분위기를 바꿀 수 있다. 교사는 학생 개개인이 어떻게 느끼고 생각하는지, 다른 친구들과 어떻게 관계하는지, 학교와 학급에 대한 태도가 어떤지를 알게 된다. 상호 존중, 평등, 이해하는 민주적인 분위기에서 이야기를 나누는 것은 학생들의 생각을 자극한다. 어떤 문제에 대해 깊이 생각하고 말하면서 해결책을 찾을 수도 있다. 학생들은 같은 문제에 대해 많은 해결책이 있음을 깨닫고 놀라는 경우도 있다. 이러한 학급회의의 목적을 정리하면 다음과 같다(Dinkmeyer, Mackay, & Dinkmeyer, 2000).

- 학생들이 원만한 관계를 형성하고 유지할 수 있도록 돕는다.
- 협력적으로 문제를 해결하도록 가르칠 수 있다.
- 감정, 신념이나 생각을 공유하도록 돕는다.
- 학생들이 학급 규칙을 세우도록 돕는다.
- 집단 응집력을 증가시킨다.
- 소속감과 수용감을 높인다.

아들러 심리학에서 제안하는 학급회의는 행동을 변화시키는 것뿐만 아니라 건강한 가치를 발전시킨다는 중요한 목적이 있다. 효과적인 학급회의를 위한 실제적인 방법은 제8장 학급회의에서 다루고자 한다.

8. 민주적 교사를 방해하는 걸림돌

1) 교사의 일반적인 생각에 담긴 숨겨진 의미

교사가 학생과 좋은 관계를 맺는 것을 방해하는 전형적인 걸림돌이 있다. 바로 교사 자신의 오래된 신념과 관련된 것이다. 교사의 신념을 이해하는 것은 매우 중요하다. 왜냐하면 사람은 각자 자신의 신념에 따라 가장 바람직하다고 생각하는 행동을 선택하기 때문이다. 교사의 신념은 학생에게 영향을 미치는 상황에서도 작동한다. 어떤 신념은 매우 효과적이어서 교사와 학생 간 관계를 증진시키고, 학생의 성장과 배움을 향상시킨다. 그러나 어떤 신념은 전형적인 걸림돌이 되어 학생과의 관계를 방해한다.

딩크마이어(Dinkmeyer)와 맥케이(Mckay) 등이 제시한 교사의 학생에 대한 일반적인 생각은 〈표 3-5〉와 같다. 이러한 신념은 표면적으로는 문제가 없는 것처럼 보이지만, 내포된 의미를 살펴보면 교사와 학생의 관계를 방해하고 배움과 성장을 저해한다. 각 신념별로 숨겨진 의미를 들여다보도록 하자(Dinkmeyer, Mckay, & Dinkmeyer, 2000).

〈표 3-5〉 교사의 일반적인 생각과 숨겨진 의미

일반적인 생각	숨겨진 의미
1. 학생은 교사에게 협력해야만 한다.	교사인 나에게 책임이 있다. 학생은 내가 말한 대로 해야만 한다. 학생이 말을 듣지 않는다면, 나는 효과적인 훈육가가 아니다. 협력이라는 것은 교사인 내 말에 기반을 두고, 내 판단에 따른 기준을 의미한다.
2. 교사는 모든 학생과 상황을 다룰 수 있는 능력이 있어야만 한다. 그렇지 않으면 좋은 교사가 아니다.	교사는 현재 가지고 있는 모든 기술로 모든 학생을 다룰 수 있어야만 한다. 교사는 학생을 다루는 것에 대한 모든 것을 익혀 왔다. 다른 사람에게 자문을 구하는 것은 내 실패를 인정하는 것이다.
3. 교사가 세운 계획은 어떤 희생을 치루더라도 성공해야만 한다.	교사의 계획은 오직 이것이다. 다른 사람과의 관계에서 주고받을 여지는 전혀 없다. 학생을 완전히 통제하거나 학생의 모든 도전을 이기는 것은 중요하다. 교사와 다른 사람과의 관계에서 융통성이란 전혀 없다.
4. 어떤 학생은 천성적으로 나쁘기 때문에 협력하지 않을 때는 반드시 처벌해야만 한다.	모든 학생이 선한 것은 아니다. 어떤 학생은 변화할 희망이 전혀 없다. 나는 올바른 질서와 규칙을 만들기 위해 훈육 체계로써 처벌을 사용한다. 유일한 훈육 체계인 외적 통제에 기반을 두는 것이 효과적이다.

5. 교사는 학급과 모든 학생을 통제해야만 하고, 그들이 교사를 통제할 수는 없다. 통제 밖에 있는 것은 매우 위험하다.	통제하는 것은 매우 중요하다. 이러한 통제는 실제적인 문제에 기반을 둔다. 30명 이상의 학생을 어떻게 효과적으로 다루는가? 많은 교사들은 학급 관리에 대해 광범위한 훈련을 받지 않았다. 많은 사람들은 주로 통제를 강조하는 훈육 체계를 배워 왔다.
6. 불행은 외부 요인에 의해 야기된다. 나는 감정을 통제하거나 영향을 미칠 능력이 없다.	나는 현재 상황이 변화되길 기대하지 않는다. 나는 변화하기 위한 어떤 대가도 치르지 않겠다. 나는 변화를 도울 만한 어떤 자원도 가지고 있지 않다.
7. 학생들은 유전과 더 광범위한 환경의 소산물이므로 어떤 변화도 할 수 없다.	나의 행동이나 신념이 학생을 변화시킬 수 없다. 학교의 영향력은 거의 없다.

출처: Dinkmeyer, D., Mckay, G., & Dinkmeyer, D., Jr. (2000). *Systematic Training for Effective Teaching (STET): Teacher's handbook*. FL: CMTI Press.

2) 비효과적인 신념과 효과적인 신념

앞에서 살펴본 것처럼 교사의 일반적인 생각에는 학생에 대한 비민주적이고 전제적인 신념들이 숨겨져 있다. 딩크마이어와 맥케이 등이 제시한 교사의 전형적인 비효과적인 신념과 효과적 신념은 [그림 3-4]와 같다. 당신이 다음 중 어떤 신념을 가지고 있는지 체크하는 것은 학생과의 소통을 원활하게 하고, 스스로 효과적 신념으로 변화하겠다는 결심을 하게 할 것이다.

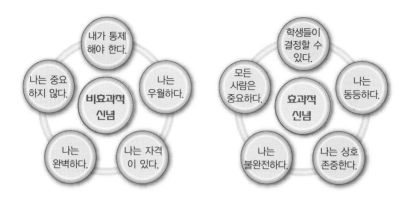

[그림 3-4] 교사의 전형적인 비효과적 신념과 효과적 신념

먼저, 다섯 가지 비효과적 신념을 구체적으로 살펴보자(Dinkmeyer, Mckay, & Dinkmeyer, 2000).

첫째, 내가 모든 일을 통제해야만 한다. 어떤 교사는 자신만이 학생을 통제해야 한다고 생각한다. 통제권뿐만 아니라 결정권 역시 교사에게 있다. "계속 떠들고 싸우면 쉬는 시간은 없어." "우리 반을 창피하게 만드는 너 같은 친구는 남아서 청소를 해야 해."와 같이 교사는 학생에게 주로 명령조로 이야기하고 비판적이며 도덕적인 기준을 내세운다. 학생 역시 스스로 결정하지 않고, 매사에 교사에게 "선생님, 이렇게 해도 되나요?"라고 자주 묻는다. 에너지가 부족한 학생은 교사의 통제에 굴복하는 반면, 에너지가 넘치는 학생은 교사의 통제에 반항한다. 통제하는 교사와 함께하는 학생은 진실한 감정을 숨기고 불안감에 휩싸인다. 복수심을 키우며, 삶이란 불공정하다고 느낀다. 쉽게 포기하고 회피하며 거짓말을 잘 하고 자기 훈육의 결핍이 나타난다.

둘째, 나는 우월한 사람이다. 이런 유형의 교사는 학생들에 비해 자신이 매우 우월한 존재라고 생각하는 경향이 있다. 학생을 동정하며, 과제에 대해 교사가 책임을 지려고 한다. 하지만 학생을 위압하고 과잉보호하는 것은 오히려 학생을 부족하다고 느끼게 하고 무가치하다고 여기게 하는 부정적인 결과를 가져온다. 이런 학급의 학생들은 자신을 불쌍히 여기는 반면, 다른 사람을 비난하고 삶은 불공정하다고 느낀다. 의존적인 성향이 나타나며 교사처럼 우월해질 필요가 있다고 느끼게 된다.

셋째, 나는 자격이 충분하다. 이런 유형의 교사는 나는 자격이 있으며, 타인들은 나에게 빛을 지고 있다고 믿는다. 공정함에 대해서 과잉 반응하고, 조건에 따라 행동한다. 때때로 단순히 자신이 교사이고 어른이라는 이유만으로 학생을 복종시키거나 존경받을 자격이 있다고 느낀다. 이런 학급의 학생들은 자신이 다른 사람에게 이용당하고 있다고 느끼는 동시에, 다른 사람을 이용하는 것을 배우게 된다.

넷째, 나는 중요한 사람이 아니다. 이런 유형의 교사는 자신은 중요하지 않고, 다른 사람이 나보다 중요하다고 생각한다. 학생에게 지나치게 허용적이며, 교실에는 아무런 지침이나 훈육이 없다. 학생의 요구에 굴복하며 "안 돼."라고 말하는 것에 죄책감을 느낀다. 교실은 무정부 상태이며 학생들은 자신의 욕구에 따라 행동하기 때문에 공동체의 질서도 없고, 진정한 배움이 일어나지 않게 된다. 학생은 혼란스럽고 점점 이기적이 되어 가며, 자신의 방법이 채택되기를 기대하면서 다른 사람의 권리는 존중하지 않게 된다.

다섯째, 나는 완벽한 사람이다. 이런 유형의 교사는 학생과 학부모 앞에서 존경받고 실수하지 않으며 무엇이든 잘하는 것처럼 보여야 한다는 압박감에 시달린다. 또한 자신에게 주어진 일을 완벽하게 처리하겠다는 목표로 인해 엄청난 스트레스와 낙담을 경험하고 있다. 이러한 교사의 완벽주의와 실수에 대한 두려움은 학생에게 전염된다. 학생 역시 완벽주의자가 되기 위해 노력하며, 어떠한 희생을 치르더라도 다른 사람에게 좋게 보여야 한다고 믿는다.

다음으로 비효과적 신념과 상반되는 교사의 효과적 신념을 살펴보자(Dinkmeyer, Mckay, & Dinkmeyer, 2000).

첫째, 나는 학생이 결정을 할 수 있다고 믿는다. 교사는 학생이 선택하도록 허용하고 격려하게 된다. 학생은 자신감을 가지고 공동체에 기여하며 문제를 해결하기 위해 노력하고 풍부한 자원을 갖게 된다.

둘째, 나는 동등한 사람이다. 나는 다른 사람보다 낫거나 부족하지 않다. 교사는 학생을 믿고 존중하며, 학생의 독립심을 격려한다. 학생에게 선택과 책임감을 제공해 주며, 학생이 공동체에 기여할 것을 기대한다. 이로 인해 학생은 자기 신뢰, 독립심, 책임감을 발달시키며, 스스로 결정하는 것을 배우게 된다.

셋째, 나는 교사와 학생이 상호 존중할 수 있다고 믿는다. 교사는 학생과의 동등성을 촉진시키며 서로를 존중하고, 비난하거나 죄의식을 조장하지 않는다. 학생은 자신뿐만 아니라 다른 사람들을 존중하며, 상호 신뢰하고 사회적 관심을 증가시킨다.

넷째, 나는 인간이다. 그러므로 나는 불완전할 용기를 갖는다. 교사는 현실적인 타당한 기준을 설정하고, 강점에 초점을 맞추어 격려하며, 자신의 체면에 관심을 두지 않고 인내하게 된다. 학생 역시 자만하지 않고 실천 가능한 과제에 초점을 두며 실수를 도전의 자연스러운 과정으로 인식하게 된다. 자신뿐만 아니라 다른 사람에게도 관대하며 실수를 두려워하지 않고 새로운 경험을 시도하려는 용기를 갖게 된다.

다섯째, 나는 자신을 포함하여 모든 사람이 중요하다고 믿는다. 교사는 학생들에게 상호 존중과 공헌을 격려하고 이끌어야 한다. 자유 속에서 한계를 설정하고 분명하게 제시한다. 무조건 양보하고 허용하는 태도를 거부한다. 학생 역시 한계를 인식하고 받아들이며, 다른 사람의 권리를 존중하는 자유를 누리게 된다.

비효과적 신념을 효과적 신념으로 바꾸기 위해 교사는 한 번에 할 수 있는 한 가지 일을 선택하여 꾸준하게 실천할 필요가 있다. 무엇보다 자신의 불완전함을 전적으로 인정하고 받아들이는 과정이 선행되어야 한다. 교사 자신의 비효과적 신념을 인식하고 변화시키기 위해 노력하며, 현실적으로 실천 가능한 목표를 세워 작은 성공 경험을 갖는 것이 중요하다. 교사는 이와 같은 신념체계를 전환시키는 과정을 통해 불완전할 용기를 갖게 되고, 삶의 과업을 만족스럽게 이끌면서 안녕감을 얻게 될 것이다. 아들러와 함께 날마다 교실에서 행복한 교육을 이루어 나가길 격려한다.

참고문헌

노안영, 강만철, 오익수, 김광운, 정민(2011). 개인심리학 상담 원리와 적용. 서울: 학지사.

송재홍, 김광수, 박성희, 안이환, 오익수, 은혁기, 정종진, 조봉환, 홍종관, 황매향(2013). 학교폭력의 예방 및 대책. 서울: 학지사.

Dinkmeyer, D., & Mckay, G. D. (1998). *Systematic Training for Effective Parenting of Teens (STEP/Teens): Parenting teenagers.* Circle Pines, MN: American Guidance Service.

Dinkmeyer, D., Mckay, G., & Dinkmeyer, D., Jr. (2000). *Systematic Training for Effective Teaching (STET): Teacher's handbook.* Coral Springs, FL: CMTI Press.

Dinkmeyer, D., & Losoncy, L. (1996). *The skills of encouragement: Bring out the best in yourself and others.* FL: St. Lucie Press.

Dreikurs, R. (1968). *Psychology in the classroom* (2nd ed.). NY: Harper and Row.

Dreikurs, R. (1971). *Social equality: The challenge of today.* Chicago, IL: Adler School of Professional Psychology.

Dreikurs, R., Cassel, P., & Ferguson, E. D. (2004). *Discipline without tears: How to reduce conflict and establish cooperation in the classroom* (Rev. ed.). Canada: Wiley.

Dreikurs, R., Grunwald, B. B., & Pepper, F. C. (1998). *Maintaining sanity in the classroom: Classroom management techniques* (2nd ed.). Philadelphia, PA: Accelerated Development.

Gordon, T. (1974). *Teacher Effectiveness Training.* NY: Peter H. Wyden.

Lew, A., & Bettner, B. L. (1998). *Responsibility in the Classroom: A*

Teacher's Guide to Understanding and Motivating Students. PA: Connexions Press.

Lundin, R. W. (1989). *Alfred Adler's basic concepts and implications*. Muncie, IN: Accelerated Development Inc.

Sweeney, T. J. (1998). *Adlerian counseling: A practitioner's approach*. PA: Accelerated Development Inc.

제4장 동기 수정

"아이는 내면의 동기에 따라 행동하고, 시행착오를 거쳐 배움을 얻는다.
자신에게 소속감을 주는 행동은 반복하고, 소외감을 주는 행동은 버린다.
바로 여기에 우리가 아이들을 이끌어 줄 수 있는 실마리가 있다."

– Rudolf Dreikurs & Vicki Soltz(1968) –

교사가 어떤 관점으로 학생의 행동을 바라보느냐는 학생을 이해하는 데 매우 중요하게 작용한다. 최근 학생을 교육하고 생활지도하는 교사의 어려움은 지난 수년 동안 훨씬 더 커지고 있다. 교육당국의 갖은 노력에도 수업 방해, 학교폭력, 교권 침해와 같은 학생의 잘못된 행동과 교사의 부적절한 대응으로 인한 갈등은 계속되고있다. 이러한 교육 현장의 어려움을 돕기 위해 아들러 심리학의 교육 원리에 기초하여 학생의 부적절한 행동을 예방하고, 긍정적으로 학생의 동기를 변화시키는 방안을 찾는 것은 의미 있는 일이 될 것이다. 이 장에서는 행동의 목적을 이해하고, 행동의 목적을 어떻게

알아차리는지와 잘못된 동기를 어떻게 수정하는지를 알아보고자
한다.

1. 행동의 목적 이해하기

모든 행동에는 목적이 있다는 아들러의 가정은 교실에서 학생 행
동을 관찰할 때 매우 흥미로운 관점을 제공한다. 하지만 교사가 학
생의 목적을 정확하게 찾아내는 것은 그렇게 쉬운 일은 아니다. 학
생의 행동은 상황에 따라서 얼마든지 변할 수 있기 때문이다. 관심
을 끌기 위한 행동을 하다가 갑자기 보복하기 위해 자신의 힘을 과
시하기도 한다. 힘겨루기를 시도하다가 더욱 분노하여 복수하기를
추구하더니 이내 지쳐서 무능력을 보이기도 한다. 이처럼 학생은
자신의 목적을 달성하기 위해 다양한 행동을 보이기도 하고, 동일한
행동 안에 여러 가지 목적을 함께 가지고 있는 경우도 있다. 한 가지
행동에 두 가지 이상의 목적이 있을 수 있으며, 같은 행동이라 할지
라도 다른 목적을 가진 경우도 있다. 학생들의 발달단계에 따라 아
동과 청소년으로 구분하여 잘못된 행동의 목적을 살펴보기로 하자.

1) 아동의 잘못된 목적

부적절하고 파괴적인 행동을 하는 학생을 지도하기 위해서는 무
엇보다 행동의 목적을 이해하는 것이 필요하다. 제3장에서 언급했
던 것처럼 아동의 잘못된 목적은 관심 끌기, 힘겨루기, 복수하기, 무

능력 보이기이다(Dreikurs, Grunwald, & Pepper, 1998). 이러한 네 가지 잘못된 목적을 추구하는 학생의 행동과 태도 그리고 교사의 반응을 정리하면 〈표 4-1〉과 같다. 흥미롭게도 학생의 행동과 태도에 대한 교사 자신의 반응을 통해 교사는 학생의 잘못된 행동의 목적을 추측할 수 있는 중요한 단서를 얻을 수 있다.

〈표 4-1〉 네 가지 잘못된 목적과 교사의 반응

목적	학생의 행동과 태도	교사의 반응
관심 끌기	• 교실에서 귀찮게 행동한다. • 과시한다. • 게으르다. • 자기의 이익을 위해 다른 친구를 이용한다. • 교사를 바쁘게 만든다. • 사람들이 나에게 관심을 보일 때만 내가 소속된다고 생각한다. • 운다. • 애교나 매력을 이용한다. • 다른 사람을 기쁘게 하려고 지나치게 애쓴다. • 지나치게 민감하다.	• 지나치게 돌본다. • 자주 상기시킨다. • 달랜다. • 성가시다고 느낀다. • 동정심을 보인다. • 학생이 내 시간을 너무 많이 차지한다고 생각한다. • 분노를 느낀다.
힘겨루기	• 고집이 세다. • 말다툼을 자주 한다. • 이겨야 한다. • 대장이 되어야 한다. • 거짓말을 자주 한다. • 불순종한다. • 하라는 것과 반대로 행동한다. • 아무 일도 하려고 하지 않는다.	• 패배감을 느낀다. • 교사의 리더십을 위협받았다고 느낀다. • 다른 사람이 교사 자신을 어떻게 생각하는지 신경 쓰인다. • 학생이 복종하도록 만들어야겠다고 느낀다. • 화가 난다.

힘겨 루기	• 다른 사람들이 내가 원하는 것을 할 때만 나는 중요하다고 생각한다. • 모든 상황을 통제해야만 한다.	• 교사가 학급 관리자라는 것을 학생에게 보여 주어야만 한다. • 교사는 나쁜 행동을 한 학생에 대한 처벌을 반드시 하겠다고 결심한다.
복수 하기	• 훔친다. • 심술궂다. • 다른 친구들과 동식물에게 해를 끼친다. • 파괴적이다. • 거짓말을 한다. • 자주 뿌루퉁하고 다른 사람들이 공평하지 않다고 비난한다. • 아무도 자기를 좋아하지 않는다고 믿는다. • 다른 사람들이 자신에게 상처를 입혔다고 믿고, 그 고통을 되돌려 주고 싶어 한다.	• 상처를 받는다. • 매우 화가 난다. • 상처를 되갚아 주고 싶다. • 그 학생이 싫다. • 학생이 감사하지 않는다고 생각한다. • 비열한 행동을 한 학생에게 교훈을 가르치고 싶다. • 다른 학생들에게 이 학생을 피하라고 부탁한다. • 부모가 아이를 처벌하기를 바라면서 부모에게 그 학생의 잘못을 이야기한다.
무능력 보이기	• 무력하다고 느낀다. • 다른 친구들과 비교하여 바보스럽다고 느낀다. • 쉽게 포기하고 어떤 활동에도 참여하려고 하지 않는다. • 혼자 있을 때나 무엇을 하라는 요구가 없을 때 가장 좋다. • 자신이 할 수 없는 높은 목표를 세우고, 자기의 높은 기대에 부합하는 어떤 일도 하지 않는다.	• 학생에게 다양한 방법을 시도하지만, 이러한 노력이 실패하자 낙담한다. • 결국 교사는 더 이상 노력하지 않고 포기한다.

출처: Dreikurs, R., Grunwald, B. B., & Pepper, F. C. (1998). *Maintaining sanity in the classroom: Classroom management techniques* (2nd ed.). Philadelphia, PA: Accelerated Development.

(1) 관심 끌기

관심 끌기는 대부분 학생이 의식적, 무의식적으로 가장 많이 사용하고 있는 잘못된 목적이다. 학급에서 자신의 역할이나 건설적인 방법으로 공헌할 일을 찾지 못한 학생은 지나친 애교나 애정, 과도한 관심 끌기를 통해 자신이 소속되었다는 것을 확인하고 싶어 한다. 처음에 학생은 사회적으로 유용한 방식으로 유쾌하게 만족을 얻으려고 했을 것이다. 그러나 이러한 방법이 실패하고 좌절했을 때, 다른 사람을 이용하여 관심을 끌기 위한 다른 방법을 시도하게 된다. 관심 끌기를 하다가 굴욕이나 창피를 느끼는 것이 자신의 존재를 무시당하는 것보다는 낫다고 생각하는 것이다. 그러나 첫 번째 목적인 관심 끌기는 교사가 학생의 목적을 추측할 때 종종 잘못 판단하기 쉽다. 왜냐하면 관심 끌기를 추구하던 학생이 자신의 목적 달성에 실패하면 관심 끌기로 시작한 행동을 다음 단계인 힘겨루기나 복수하기로 바꾸기 때문이다.

관심 끌기 유형은 〈표 4-2〉와 같이 네 가지 형태로 구분되어 나타난다(Dreikurs, Grunwald, & Pepper, 1998). 능동-건설적 관심 끌기, 능동-파괴적 관심 끌기, 수동-건설적 관심 끌기, 수동-파괴적 관심 끌기이다. 먼저 '능동' 또는 '수동'을 선택하는 것은 학생이 얼마나 많은 용기를 가지고 있느냐에 따라 달라진다. 수동적인 학생은 무척 낙담한 상태이다. 무력하고 용기가 부족한 학생은 공개적으로 투쟁하기를 포기하고 수동적으로 행동하기를 선택한다. 다음으로 '건설적' 또는 '파괴적' 방법을 선택하는 것은 학생 자신의 감정과 자신이 속한 집단에서 인식되는 지위에 따라서 달라진다. 만약 학생이 자신의 지위가 열등하다고 인식되면, 적대적이고 파괴적인 행동을 보인다.

〈표 4-2〉 관심 끌기의 네 가지 유형

	능동적	수동적
건설적	능동-건설 [성공: 모범적인 아이] • 교사의 총애를 받는 아이 • 매우 근면함 • 과도한 성실성 • 매우 믿음직함 • 가끔 고자질함 • 칭찬과 인정을 받기 위한 수행	수동-건설 [애교: 매달리는 아이] • 허영심 • 귀여움 • 자만심 • 민감함
파괴적	능동-파괴 [성가심: 과시] • 우격다짐 • 장난꾸러기 • 거친 행동 • 고자질함 • 괴롭힘 • 질문이 많음 • 불안정성 • 귀여운 말썽 • 버릇없음	수동-파괴 [게으름: 무례함] • 부끄러움 • 수줍음 • 의존적 • 불안함 • 읽기와 말하기의 문제 • 울기, 두려움, 굼뜸 • 단정치 못함, 경박함 • 집중력 부족 • 식이 문제

출처: Dreikurs, R., Grunwald, B. B., & Pepper, F. C. (1998). *Maintaining sanity in the classroom: Classroom management techniques* (2nd ed.). Philadelphia, PA: Accelerated Development.

① 능동-건설적 관심 끌기

능동-건설적 관심 끌기는 매우 협력적이고 순응적인 행동과 비숫하여 구분하기가 쉽지 않다. 성공을 지향하는 능동-건설적 관심 끌기 학생은 최고가 되기를 바라고 야심에 가득 차 있기 때문에 또래 집단과 원만한 관계를 맺기 어렵다. 완벽하고 우월한 존재가 되기 위해 노력하는 학생은 친구나 형제자매와 끊임없이 경쟁하여 칭찬과 성취를 얻어 내려고 한다. 보통 이런 학생은 '매우 사랑스럽고 고마운 학생' '매우 훌륭한 학생' '부모와 교사의 인정과 사랑을 받는 학생'이라고 불리는데, 여기에 교사가 놓치기 쉬운 학생의 잘못된 목적이 숨어 있다. 바로 최고가 아니면 안 된다는 지나친 경쟁의식이다. 이러한 학생은 최고가 아니면 아예 노력조차 하지 않거나 실망하고 위축될 수 있다. 능동-건설적 관심 끌기 학생이 목적 달성에 실패하였을 때, 능동-파괴적 힘겨루기로 목적을 바꾸었다가 다시 능동-파괴적 복수하기 단계로 이동하는 좋지 않은 과정을 겪는 것을 종종 볼 수 있다.

② 능동-파괴적 관심 끌기

능동-파괴적 관심 끌기 학생은 버릇없고 건방지며 반항적이고 남을 괴롭힌다. 이런 행동은 힘겨루기, 복수하기와 비슷해 보이지만 폭력적인 행동과 적개심이 없다는 점이 다르다. 이 학생은 관심을 받으면 만족감을 느끼고, 더 이상 도발적인 행동을 하지 않는다. 그러나 목적을 달성하지 못하면 자기 마음대로 행동한다. 능동-파괴적 관심 끌기 학생은 에너지가 넘치기 때문에 과시하거나 고자질하거나 불필요한 질문을 많이 해서 교사를 성가시게 한다. 능동-파괴적 관심 끌기 학생은 낙담했을 때 수동-파괴적 관심 끌기로 목적을 바꾸었다가, 다시 수동적 힘겨루기 상태에서 무능력 보이기 단계로 이동하는 것을 볼 수 있다.

③ 수동-건설적 관심 끌기

수동-건설적 관심 끌기 학생은 애교와 매력을 이용해 자신의 목적을 달성한다. 이러한 학생은 자기 이익을 위해 다른 사람들을 이용한다. 수동-건설적 관심 끌기 학생은 다른 사람을 이용하기 위해 무기력한 모습을 보인다. 남에게 폐를 끼치는 행동이나 파괴적 행동은 자신의 매력이나 힘을 잃게 만들 수 있기 때문에 이런 행동은 하지 않는다. 수동-건설적 관심 끌기 학생은 자기중심적이지만, 겉으로 표현할 때는 남들에게 관심을 가진 것처럼 보인다. 남에게 매달리고 의지하거나 허영심, 자만심이 매우 강하다. 수동-건설적 관심 끌기 학생이 낙담했을 때, 공개적으로 무능력 보이기 단계로 빠르게 변화하는 것을 볼 수 있다.

④ 수동-파괴적 관심 끌기

수동-파괴적 관심 끌기 학생은 게으른 학생이다. 이런 학생은 쓸모없는 반응을 하는 상태부터 완전히 아무것도 하지 않은 상태까지 다양한 형태의 게으름을 보인다. 이런 행동을 통해 다른 사람이 자신에게 관심을 갖고 자신을 돕도록 만드는 것이 수동-파괴적 관심 끌기의 목적이다. 주로 수줍음, 의존하기, 어수선하고 단정하지 못한 모습, 집중력 부족, 제멋대로 구는 행동을 보인다.

(2) 힘겨루기

압박감을 느낀 학생은 교사와 힘겨루기를 시도한다. 힘겨루기 상황에서 교사가 학생을 이기기는 매우 힘들다. 최근 학생 인권은 민감한 문제이며, 자신을 성인과 평등한 존재라고 생각하는 학생은 상대방이 교사라 할지라도 자신에게 어떤 요구를 하거나 자신을 통제하도록 내버려 두지 않기 때문이다.

힘겨루기를 시작하면 학생은 책임감이나 도덕적 의무가 없기 때문에 교사보다 싸움에서 이길 수 있는 승리의 고지를 먼저 확보하게 된다. 교사의 약점을 본능적으로 알고 있는 학생은 교사와 언쟁을 벌이면서 반박하고 짜증내며 거짓말을 하고 고집을 피우고 반항할 것이다. 이 순간 교사가 학생 행동에 즉흥적으로 반응하여 교사나름의 단호한 방식으로 학생에게 대응한다면 학생은 더욱 강력한 방법으로 자신의 힘을 과시하려고 할 것이다. 대부분의 교사는 도덕적 관점에 근거하여 이렇게 무례한 학생을 가만히 둘 수 없다고 생각하고, 기필코 예의 바른 학생으로 교육시켜야겠다고 생각한다. 그래서 학생의 반항을 진압하고 법과 질서를 존중하게 만들겠다는 강한 의지를 가지고 학생을 대하게 된다. 하지만 이것이 오히려 학생과의 갈등 해결을 막는 걸림돌이 되고 만다.

힘겨루기를 통해 힘과 능력을 확인한 학생은 더욱 의욕이 넘쳐나게 된다. 힘겨루기의 대상은 보통 학생 자신을 억압하려는 사람이며, 그 사람과 싸워 이기는 것으로 에너지가 집중된다. 교사가 이 점을 알아차리면 이 싸움에 휘말려드는 어리석은 게임에서 빠져나올 수 있게 된다. 이러한 통찰은 교사로 하여금 해당 학생 개인의 문제가 아니라 학급 전체의 가치를 변화시키는 데 초점을 맞추게 하고, 학급회의에서 이러한 문제 행동을 주제로 토론하게 한다. 학급 회의에 관한 구체적인 지도 방법은 제8장에서 다루기로 한다. 만약 힘겨루기 싸움이 계속된다면 학생과 교사의 관계는 점점 나빠지고, 그 학생은 다음 목적인 복수하기 단계로 나아갈 것이다.

(3) 복수하기

불공평하고 감정이 무시되고 기분이 상했다고 느끼는 순간, 어떤 학생들은 강하게 분노하며 복수하기로 마음을 먹는다. 자신에게 상처를 준 사람뿐만 아니라 불특정한 다른 사람에게도 앙갚음을 하려고 한다. 지나가다가 일부러 다른 친구의 책상에 있는 물건을 떨어뜨리거나 망가지게 하고, 친구의 발을 걸어 넘어뜨리거나 때리고 발로 찬다. 다른 친구의 책에 낙서를 하거나 작품을 훼손하고, 욕설을 하거나 더러운 것을 일부러 친구에게 묻힌다. 이런 경우 대부분의 교사는 다른 사람에게 피해를 준 학생은 반드시 처벌받아야 한다는 당위적인 생각을 갖기 쉽다. 게다가 이 학생은 자신에게는 아무런 잘못이 없고, 다른 사람들이 자신을 불공평하게 대하고 피해를 주었기 때문에 그렇게 행동했다고 말한다. 오히려 자신은 정말 억울하다고 우기면서 교사에게 함부로 말하고 대들기까지 한다.

학생의 복수하기 목적은 변화시키기 어렵고 오랜 시간이 걸린다. 교사는 먼저 자신이 하지 말아야 할 것이 무엇인지 유념해야 한다.

상처받은 교사가 이 학생에게 평정심을 가지고 친절하게 대하기는 정말로 쉽지 않다. 하지만 교사는 침착하게 그 학생의 잘못된 행동은 거부하지만, 학생의 존재 자체는 존중하면서 지도해야 한다. 복수하기를 추구하는 학생이 그동안 얼마나 많은 고통을 겪었는지 알지 못하는 교사는 그 학생을 도울 수 없다. 교사는 학생을 이해하고 도우려는 태도로 그 학생을 대해야 한다. 이런 태도를 갖는 것이 쉬운 일은 아니지만 교사마저 그 학생의 행동에 부정적으로 반응한다면 학생에게 어떤 변화도 기대할 수 없다.

(4) 무능력 보이기

관심 끌기, 힘겨루기, 복수하기의 목적에서 소속감과 의미를 찾지 못한 학생은 너무 낙담해서 포기하고 무능력하게 보이려는 목적을 추구한다. 자신은 다른 친구들과 비교해서 어리석고 무능하며, 학급 내에서 자신의 위치를 찾을 기회가 없다는 결론을 내리게 된다. 그래서 이런 학생은 다른 사람이 자신의 일에 관여하지 못하도록 하고, 자신을 내버려 두기를 바란다. 교사가 가장 대처하기 힘든 경우는 바로 무력하고 아무것도 하지 않으려는 학생일 수 있다.

무능력 보이기 목적을 가진 학생들은 보통 과잉 열망, 경쟁, 압박, 실패의 네 가지 전제에 따라 행동한다. 첫째, 자기가 원하는 만큼 잘할 수 없다는 '과잉 열망'에 사로잡혀 최고나 영웅이 되지 못한다면 차라리 포기하거나 어떤 노력도 기울이지 않는 것이 낫다고 생각한다. 둘째, 다른 사람들만큼 잘할 수 없다는 '경쟁'과 비교에 위축되어 다른 사람보다 열등하다는 느낌과 충분히 잘하지 못한다는 믿음으로 무능력 보이기를 선택한다. 셋째, 자기가 해야 하는 것만큼 잘하지 못한다는 '압박'을 받는 학생은 교사나 부모의 지속적인 비난을 피하고 싶어 한다. 자신이 무엇을 하든지 다른 사람의 기대 수준에 부합하기는 힘들다고 느끼는 것이다. 넷째, 자기가 '실패'할 것이라고 확신하는 학생은 자신의 능력에 의심을 품기 시작하며 점차 이러한 부정적인 신념을 확고히 하고, 주변 사람들에게도 이러한 신념을 확증시키고자 애쓴다(Dreikurs, Grunwald, & Pepper, 1998).

무능력 보이기를 추구하는 학생이 낙담과 실패를 극복하고 용기를 갖도록 돕는 것은 교사에게 매우 중요한 일이다. 하지만 학업에서도, 친구 관계에서도 무력감을 보이는 학생에게 여러 가지 시도를 해 보지만 받아들여지지 않으면 교사 역시 낙담하여 포기하기 쉽다. 류(Lew)와 베트너(Bettner)가 Crucial Cs, 드레이커스의 잘못된 행동의 목적, 건설적인 대안 등을 체계적으로 정리한 내용을 〈표 4-3〉에 제시하였다(Lew & Bettner, 1998).

〈표 4-3〉 Crucial Cs와 드레이커스의 잘못된 행동의 목적

학생의 신념	학생의 감정	학생의 부정적인 목적	교사의 감정	교사의 충동적 반응	학생의 교정 반응	Crucial Cs	건설적인 대안	학생의 신념	학생의 감정	학생의 긍정적인 목적
나는 주목받을 때만 중요하다.	불안전함 고립된	관심 끌기	귀찮은 짜증난	상기시킨다. 뭐라고, 다시?	일시적으로 멈춘다.	관계	부정적인 관심을 긍정적인 관심으로 대체한다. 함께 행동 계획을 세울 수 있다. 학생의 방해 행동을 무시하라. 학생의 잘못된 행동을 무시하라. 자기 충족을 가르쳐라.	나는 소속되었다.	안전한	협력
나의 강점은 당신이 나를 조정하거나 나를 넘보게 못한다는 것을 보여주는 것이다.	불충분한 이존적인 다른 사람을 통제하는	힘겨루기	화난 도전받은	싸운다. 내가 말한 대로 행동하라고 주장한다.	잘못된 행동이 증가한다.	능력	이기려고 애쓰지 말라. 기회와 선택을 제공하여 학생이 힘을 건설적으로 나타낼 수 있게 하라. 우호적인 태도를 유지하라.	나는 그 일을 할 수 있다.	능력 있는 자기 통제	독립
나는 당신이 나에게 적대적이라는 것을 안다. 아는 누구도 진정으로 나를 좋아하지 않는다. 나는 어떻게 느끼는지 당신에게 보여줄 것이다.	중요하지 않은	복수하기 (되갚음)	상처 받은 처벌하고 싶은	처벌한다. 나는 어떻게 나(우리, 그룹)에게 이럴 수 있니? 나는 너에게 교훈을 가르칠 거야.	자신을 싫어하게 만들기 위해 앙갚음하기를 원한다.	중요	분노와 감정에 상처 입히는 것을 피하라. 관계에서 감사를 유지하라. 도울 수 있는 기회를 제공하라. 긍정적인 것을 찾을 수 있도록 지지와 도움을 제공하라. (포기하지 말라.)	나는 중요하다. 나는 답변할 수 있다.	중요한 가치 있는	공헌
나는 어떤 일도 잘 할 수 없기 때문에 시도하려고 하지 않는다. 내가 노력하지 않는다면 나의 실패는 드러나지 않을 것이다.	열등한 무력한 희망이 없는	무능력 보이기 (회피하기)	절망적인 포기하는 희망이 없는	포기한다. 아무 소용이 없어.	소극적 전혀 변화 없음 더욱 무력해짐 무능력 보이기	용기	강점에만 주목하라고 부정적인 것을 무시하라. 성공을 보장할 수 있도록 과제를 나눌 수 있도록 노력하라. 안정적으로 노을 도움시켜라. 비평하지 말라.	나는 무엇이든 처리할 수 있다.	희망적인 가까이 노력하는	적응 유연성

출처: Lew, A., & Bettner, B. L. (1998). *Responsibility in the Classroom: A Teacher's Guide to Understanding and Motivating Students*. PA: Connexions Press.

2) 청소년의 잘못된 목적

캘리(Kelly)와 스위니(Sweeney)는 십대의 발달적 특징을 반영하여 청소년의 열한 가지 잘못된 목적을 〈표 4-4〉와 같이 제시하였다. 이 중 몇 가지는 아동의 잘못된 네 가지 목표를 변형한 것이다. 청소년의 전형적인 잘못된 목적은 자기 존중, 타인 존중, 책임감, 협력 중 하나 이상이 결여된 것에서 기인한다고 보았다(Sweeney, 1998).

〈표 4-4〉 청소년의 잘못된 목적(Kelly & Sweeney, 1979)

	잘못된 목적		
Ⅰ유형	우월성	동조	대중성
Ⅱ유형	반항	성적 문란	부적절한 행동
Ⅲ유형	매력	아름다움	성적 편견
Ⅳ유형	지성		종교

Ⅰ유형은 처음에는 타인의 긍정적 반응을 이끌어 내는 건설적인 행동을 수반하지만, 결국 개인의 창의성을 훼손하고 타인과 협력하지 않고 경쟁을 부추긴다. '우월성'을 추구하는 청소년은 모든 분야에서 최고가 되려고 노력하며 과도한 경쟁, 성공에 집착한다. '동조'하는 학생은 자신이 소속한 집단(예: 학교, 교회, 동아리 등)의 기준과 기대에 완전히 부합하여 사는 것이 목표이다. '대중성'을 추구하는 십대는 지나치게 친구가 많고 다양한 사회적 접촉을 통해 누구에게나 인정받기를 원한다.

Ⅱ유형은 파괴적이고 자기 패배적이며 대부분 부모와 교사에게

부정적으로 반응한다. '반항'하는 청소년은 어른을 완전히 통제하고 싶어 하거나 적어도 통제를 받기 싫어한다. 이들은 옷차림, 귀가 시간, 친구 관계와 같은 사소한 논쟁거리를 통한 '독립을 위한 투쟁'을 하거나 극단적으로 성인에게 강한 분노를 일으키고 상처를 주려는 '공격 목표'를 가지기도 한다. 또한 가장 극단적인 형태인 '자살 시도'를 통해 자신을 드러내기도 한다. '성적 문란'을 추구하는 십대는 성적으로 자신을 나타냄으로써 소속감과 능력을 얻고자 한다. 교사뿐만 아니라 또래 역시 이들의 행동에 경악하며 부정적인 반응을 보인다. '부적절한 행동'을 추구하는 청소년은 스스로 희생자 역할을 즐기며, 자신의 결점으로 위로를 받는다.

Ⅲ유형은 겉으로는 개인이나 공동체에 건설적인 것처럼 보이지만 과도할 경우 비생산적인 일에 몰두하고 타인과 협력하지 못하기 때문에 위험하다. '매력'을 추구하는 십대는 진정한 협력이 아닌 집단 내에서 자신의 위치를 찾기 위해 상대방에게 부드러운 말과 매너로 대한다. 신체적 '아름다움'을 추구하는 십대는 좋은 외모와 신체적인 힘으로 자신의 위치를 마련하려고 전력투구한다. '성적 편견'의 목적을 가진 십대는 정형화된 남성적 · 여성적 특성과 행동을 과도하게 발달시키려 한다.

Ⅳ유형은 긍정적인 것으로 보인다. 그러나 때때로 이러한 목적이 십대의 충분한 발달을 방해하는 극단적인 모습을 보이기도 한다. '지성'을 추구하는 청소년은 자신의 존재 가치와 소속감을 전적으로 책에서 배운 것과 논리적인 생각 및 토론에서 찾는다. 이들은 대부분의 시간을 공부하고 독서하고 토론하는 활동에만 몰두한다. '신

앙'을 추구하는 청소년은 종교적 관념과 활동에 몰입하면서 소속감을 추구한다.

한편, 딩크마이어와와 맥케이(1998)는 STEP Teens(Systematic Training for Effective Parenting of Teens)에서 청소년의 잘못된 목적을 아동의 잘못된 목적에 세 가지를 더하여 일곱 가지 유형으로 제안하였다. 관심 끌기, 힘겨루기, 복수하기, 무능력 보이기를 기본적인 네 가지 목적으로 설명하였고, 여기에 흥분, 또래 수용, 우월성의 세 가지 목적을 추가로 제안하였다. '흥분'의 목적은 규칙을 회피하고 알코올, 약물, 성적 문란, 위험한 스포츠 등과 같은 잘못된 행동으로 나타난다. '또래 수용'을 추구하는 청소년은 지나친 친구 관계와 타인의 수용을 얻기 위해 부단히 광범위하게 노력한다. '우월성'을 추구하는 청소년은 최고의 성적, 명예, 성취를 추구하며 타인과 경쟁하여 모든 분야에서 최고가 되려는 목적을 갖는다.

이와 같이 청소년의 잘못된 행동 목적은 아동의 잘못된 목적에 더하여 사춘기적 특성과 사회적 관계 및 활동 영역의 확장으로 인해 보다 다양하게 나타난다. 아동의 목적과 달리, 청소년의 파괴적 행동은 또래와 성인의 반응에 의해 더욱 복잡한 형태로 표현된다. 또래가 지지한다고 인식하면 잘못된 목적을 더욱 발달시키며, 교사나 부모의 인정 역시 잘못된 관점을 더욱 강화시킬 수 있다.

2. 행동의 목적 알아차리기

학생은 자신의 목적을 인식하지 못한다. 그러나 교사가 학생에게 그의 목적을 알려 주면 학생은 자신의 행동이 무엇을 목적으로 했는지 알아차릴 수 있다.

1) 두 가지 믿을 만한 지표

학생들이 행동의 목적을 선택하고, 그 목적을 달성하기 위한 행동을 선택하는 것에 대한 명확한 규칙은 없다. 잘못된 목적을 추구하는 학생의 모든 행동은 학생의 잠재의식 속에서 일어나기 때문이다. 학생의 행동은 분명한 분류나 절차 안에 포함시키기 어려운 경우가 많아서 교사는 과연 자신이 학생의 목적을 정확하게 찾아낸 것인지 의심스러울 때가 있다. 이때 교사에게 학생의 목적을 잘 알아차렸다는 확신을 줄 수 있는 두 가지 믿을 만한 지표가 있다 (Dreikurs, Cassel, & Ferguson, 2004).

첫째, 역설적이지만 앞의 〈표 4-1〉에서 제시한 학생의 자극에 대한 즉각적인 교사 자신의 반응을 관찰하는 것이 가장 믿을 만한 지표이다. 교사인 당신은 본능적으로 어떻게 반응하는가? 예를 들면, 어떤 학생이 교사의 지도, 구슬림, 잔소리에 반응하지 않기 때문에 매우 성가시다고 느껴진다. 교사는 바로 관심 끌기하는 학생과 함께 있는 것이다. 학생이 교사에게 협력하지 않아서 교권이 위협받거나 도전받는다고 느껴진다. 어떤 학생에게 협력하도록 강요해야겠다는 느낌이 든다. 지금 힘겨루기를 추구하는 학생과 만나고 있는 것이다. 어떤 학생 때문에 교사의 자존심이 상처받고 좌절했으며, 그 학생에게 더 이상 잘해 줄 필요가 없다고 느낀다. 다음에 기회가 생긴다면 그 학생에게 앙갚음 해야겠다고 다짐하고 있다. 그 학생은 바로 복수하기를 추구하고 있는 것이다. 어떤 학생을 잘 지도해 보려고 최선의 노력을 다 했지만 실패하고 힘이 다 빠져서 포기해야겠다고 생각했다. 바로 무능력 보이기를 추구하는 학생을 만나고 있는 것이다.

둘째, 앞의 〈표 4-3〉에서 제시한 교사의 지도에 대해 학생이 반응하는 방식에서도 잘 드러난다. 만약 교사가 학생을 야단쳤을 때 학생이 그 행동을 잠시 멈춘다면 바로 관심 끌기를 하고 있는 것이다. 그러나 그 학생은 관심을 더 얻기 위해 같은 행동이나 다른 행동을 다시 시작할 것이다. 학생이 교사가 야단을 치고 있는데도 계속 그 행동을 한다면 힘겨루기를 하고 있는 것이다. 아마 그 행동을 점점 더 심하게 할 것이다. 어떤 학생을 꾸중했을 때 교사를 적대시하며 도발적인 말을 하고 교실을 뛰쳐나간다면 복수하기를 추구하는 학생이다. 그 학생은 자신만 억울하고 공평하지 않다고 느끼면서 교사에게 복수하려고 할 것이다. 어떤 학생이 꾸중을 들은 후 아무것도 하지 않고 그냥 멍하게 앉아만 있다면 그 학생은 무능력 보이기를 추구하고 있으며, 교사를 더욱 무력하게 만들거나 결국 포기하게 만들 것이다.

2) 재인반사

나이가 어린 학생들은 교사의 추측이나 질문에 비교적 쉽게 자신의 행동 목적을 인정한다. 또는 재인반사(recognition reflex)를 통해 자신의 목적을 드러낸다. 재인반사는 얼굴이나 신체에 나타나는 틀에 박힌 특징을 통해 자신을 드러내는 것이다. 주로 미소, 싱긋하는 웃음, 당황하여 웃는 웃음, 눈을 반짝이는 유쾌한 웃음을 통해 표현된다(Dreikurs, Grunwald, & Pepper, 1998).

고학년의 경우 관심 끌기나 힘겨루기의 목적을 드러내 보이지 않고 감춘다. 그들은 이런 행동을 유치하다고 생각하기 때문이다. 그래서 교사의 질문에 '아니요.'라고 대답하거나 아무렇지도 않은 얼굴 표정을 짓지만 신체언어를 통해 자신을 드러낸다. 그들은 입술을 씰룩거리거나 눈을 깜박이며 자세를 고쳐 앉을 수도 있다. 혹은 다리를 흔들며 손가락으로 책상을 똑똑 두드리거나 심지어 발가락을 꼼지락거릴 수도 있다. 교사가 정확하게 추측했는지를 확인하려면 학생의 신체언어를 세밀하게 관찰해야 한다. 교사가 이러한 재인반사나 신체언어를 통해 학생의 목적을 정확하게 알아차리기 위해서는 숙련된 경험의 축적이 필요하다.

3) 학생에게 목적 드러내기

행동의 목적을 '혹시 ~하는 게 아닐까(Could it be)?'와 같은 형태로 학생에게 질문하는 것은 유용하다(Yang, Milliren, & Blagen, 2010). 교사는 앞에서 제시한 〈표 4-3〉의 네 가지 목적의 참조 틀에 따라 '추측'된 형태로 각 목적을 학생에게 질문하여 행동의 목적을 밝힐 수 있다.

- 네가 왜 _____ 했는지 알고 있니?
- 선생님의 생각을 너에게 말해 줄게.

학생의 목적을 추측하는 과정을 보다 자세하게 설명하면 다음과 같다.

첫째, 잘못된 행동의 목적이나 목표를 명료화하고 싶다면, 학생에게 "너는 왜 그 행동을 했는지 알고 있니?"와 같은 질문을 한다. 이를 통해 잘못된 행동을 확인한다.

둘째, 학생이 긍정적으로 반응하면, 학생이 생각하는 목적이 무엇인지 교사에게 설명할 시간을 준다.

셋째, 학생이 모르거나 대답이 잘못된 행동의 목적에 초점이 맞춰져 있지 않으면, 다음과 같이 반응한다. "선생님이 그 일에 대해 몇 가지 생각한 것이 있는데, 선생님 이야기를 한번 들어 볼래요?"

학생이 "아니요."라고 대답하면, 아동의 결정을 존중하는 것이 중요하다. "네."라고 대답한 경우, 다음의 질문들을 계속한다. 한 번에 하나씩, 재인반사가 있으면 그것에 주목한다. 이때 교사는 판단이나 비난 없이 '혹시 ~하지 않을까?'를 객관적인 방식으로 질문하여야 한다. 질문은 단지 목적을 드러내기 위한 것이다. 잘못된 행동의 목적에 대하여 성급한 판단을 내리지 않기 위해 네 가지 목적에 관한 추측 질문 모두를 사용하는 것이 좋다(Yang, Milliren, & Blagen, 2010).

〈관심 끌기〉

- 혹시 너는 선생님이 너에게 충분한 관심을 보이지 않는다고 믿는 것이 아닐까?
- 혹시 너는 선생님이나 다른 사람들이 너와 더 많은 시간을 보내기를 바라는 것이 아닐까?
- 혹시 너는 특별하다고 느끼고 싶어 하는 것이 아닐까?
- 혹시 선생님이 네 일로 바빠지기를 바라는 것이 아닐까?

〈힘겨루기〉

- 혹시 너는 너 자신만의 방식을 원하고, 모두에게 네가 다 책임진다는 것을 보여 주고 싶은 것이 아닐까?
- 혹시 너는 원하는 것을 할 수 있고, 아무도 너를 막을 수 없다는 것을 바라는 것이 아닐까?

〈복수하기〉

- 혹시 네가 상처받은 만큼 다른 사람들에게 상처를 주려는 것이 아닐까?
- 혹시 선생님과 학급의 다른 아이들에게 상처를 입히고 싶어 하는 것이 아닐까?
- 혹시 ○○○에게 앙갚음하고 싶어 하는 것이 아닐까?

〈무능력 보이기〉

- 혹시 너는 혼자 있고 싶어 하는 것이 아닐까?
- 혹시 네가 똑똑하지 않다고 생각하고, 아무도 이것을 아는 것을 바라지 않는 것이 아닐까?

저항하는 학생에게 다가가는 하나의 방법은 '숨겨진 이유' 기법을 이용하는 것이다. 학생이 평소와 다르게 말하거나 행동할 때, 교사는 학생의 행동에 대한 이유를 추측할 수 있다. 교사의 추측에 학생이 '아니요.'라고 대답하면 틀린 것이다. 학생이 '아마도'라고 대답하면 교사의 추측이 거의 맞은 것이다. 교사가 정확하게 추측하면, 학생은 마지못해 '그렇다.'고 말한다.

다음의 다양한 질문을 사용하여 네 가지 목적을 드러내는 것과 비슷한 방법으로 학생들에게 숨겨진 이유를 노출시킬 수 있다(Dreikurs, Grunwald, & Pepper, 1998).

- 네가 무엇을 하든지 네가 최고가 아니면 무의미하게 느끼는 것이 아닐까?
- 모든 사람이 너를 좋아하지 않으면 거절당한 느낌을 받는 것이 아닐까?
- 너는 결코 실수를 해서는 안 된다고 생각하는 것이 아닐까?
- 너는 최선을 다하고 있는데 고마워하는 사람이 없다고 생각하는 것이 아닐까?
- 너는 ○○○보다 나아지고 싶은 것이 아닐까?
- 내가 너에게 한 일에 대해 내가 죄책감을 느끼고 미안해하도록 만들고 싶은 것이 아닐까?
- 네가 나보다 훨씬 똑똑하다는 것을 나에게 보여 주고 싶은 것이 아닐까?
- 너와 무엇을 해야 하는지 모르는 위치에 나를 놓아두고 내가 무기력을 느낄 때, 너는 나보다 우월하다고 느끼는 것은 아닐까?
- 책임을 다하지 않은 삶에 대하여 정당한 변명거리를 찾고자 질병을 이용하는 것이 아닐까?

교사가 학생의 목적을 추측하는 것은 해롭지 않다. 왜냐하면 교사의 추측이 틀려도 대수롭지 않게 여겨지기 때문이다. 교사가 올바르게 추측하는 순간, 학생은 이해받는다고 느끼고 적대감과 저항을 협력으로 바꿀 것이다. 그리고 잘못된 목적을 변화시키려는 교사의 도움을 받아들이는 작업 관계가 시작된다. 학생들은 보통 자신의 숨겨진 이유를 알아차리지 못하지만, 당신이 올바르게 추측하는 순간 갑자기 추측이 타당하다는 것을 선명하게 깨닫게 된다는 점을 인식하는 것은 중요하다.

3. 동기 수정하기

아들러 심리학을 실천하는 교사의 관심은 더 이상 학생의 잘못된 행동이 아니다. 학생들의 목적을 탐색하고 긍정적으로 변화하도록 돕는 것이 문제에 대한 해결책이 된다는 것을 알기 때문이다. 그러므로 교사는 학생들이 자신의 잘못된 목적을 알아차리고 바람직한 동기로 수정하도록 이끌어야 한다.

교사는 학생들이 과도한 관심 끌기 대신 협력을 통해 소속감을 얻는 경험을 하길 바란다. 힘겨루기 대신 독립을 통해 능력과 유능함을 느끼기를 바란다. 또한 복수하기가 아니라 공헌을 통해 자신이 중요한 존재이며 다른 사람에게 영향을 줄 수 있다는 것을 느끼기를 바란다. 그리고 어려움을 회피하지 않고 어려움에 맞서서 극복할 수 있는 용기를 갖고, 자아 탄력성을 발달시키기를 바란다(Lew & Bettner, 1998). 이와 같이 네 가지 유형의 부정적 목적을 긍정적 목적으로 동기를 수정하기 위한 Crucial Cs와 필수적인 기술들의 관계를 도식화하면 [그림 4-1]과 같다.

[그림 4-1] 동기 수정하기

1) Step 1: 관심 끌기 교정

관심 끌기 목적은 효과적인 의사소통 기술을 통한 건설적인 관계를 형성하도록 돕는 것으로, 긍정적인 목적이 되게끔 수정할 수 있다. 의사소통 기술은 다른 사람의 말을 반영적으로 경청하고, 자신의 생각과 감정을 적극적으로 표현함으로써 평등하고 협력적인 관계를 형성하는 필수적인 기술이다(제3장 참조). '관심 끌기'의 목적을 추구하는 학생들을 '협력'의 목적으로 변화시키도록 돕기 위한 효과적인 전략은 다음과 같다(Lew & Bettner, 1998, pp. 33-34).

① 잘못된 행동에 대한 관심을 최소화하라.

학생들은 원하는 반응을 얻는 행동을 반복하기 때문에 사소한 잘못은 관심을 둘 필요가 없다. 관심 끌기 학생은 야단치는 것보다 무시하는 것이 낫다.

② 교사가 격려하고자 하는 행동에 주목하라.

공헌, 다른 사람들과의 함께 작업하기, 협력, 다른 건설적인 행동들에 초점을 두어라.

③ 문제가 생기기 전에 행동하라.

교사는 학생들이 적절하게 행동하고 있을 때는 내버려 두고, 문제가 생길 때 끼어들려고 하는 경향이 있다. 이것은 건설적인 행동을 알아차리는 기회를 놓치게 만들고, 오히려 잘못된 행동이 관심을 받는다는 오해를 갖게 만든다. 교사는 학생들이 기대하거나 요구하지 않을 때, 적절한 행동에 관심을 주어야 한다.

④ 말하지 말고 행동하라!

학생이 교실에서 심하게 장난할 때 야단치고 관심을 주는 대신 그 학생에게 가까이 다가가서 어깨에 부드럽게 손을 올리며 교사와 관계를 맺고 있다는 것을 알게 한다.

⑤ 다른 사람에게 도움을 줌으로써 긍정적인 관심을 얻는 일감을 주라.

시험지 수합, 색연필 나누기, 안내장 배부와 같이 교사는 학생들이 협력적인 행동을 할 수 있는 일거리를 제공해 줄 수 있다.

다음 사례를 통해 〈Step 1〉 관심 끌기 동기 수정을 연습해 보자.

교사: 리코더 연주 시간입니다. 책상 위에 음악 책과 리코더를 준비해 주세요.

(한 학생이 일어나 책상을 뒤적이고 필통을 떨어뜨리고 웃으며 자리에서 일어나 사물함에 리코더가 있는 곳으로 빠르게 간다.)

교사: (그 학생에게) 빨리 제자리에 앉아 줄래요?
학생: 알았어요. 리코더를 준비하려던 것뿐이었어요.
(사물함 문을 시끄럽게 닫고, 바닥을 쿵쾅거리며 더 소리 내어 걷는다. 키득키득 웃으며 옷자락을 만지고 수줍은 듯이 웃는다.)

교사: (짜증과 신경질이 난다.)

전형적인 관심 끌기 사례이다. 잠시 멈추고 생각해 보자. 기존에 당신은 어떻게 반응하였는가? 아들러 심리학을 실천하는 교사는 어떻게 반응해야 할까? 다음 시나리오와 당신이 생각한 방법을 비교하면서 효과적인 전략을 함께 브레인스토밍 해 보자.

교사: 리코더 연주 시간입니다. 책상 위에 음악 책과 리코더를 준비해 주세요.

(한 학생이 일어나 책상을 뒤적이고 필통을 떨어뜨리고 웃으며 자리에서 일어나 사물함에 리코더가 있는 곳으로 빠르게 간다.)

교사: (전체 학생에게) 이제 3분 남았어요.
(해당 학생이 아니라 전체 학생에게 상황을 알려 줄 수 있다.)

관심 끌기 목적을 변화시키기 위해 교사가 효과적으로 사용할 수 있는 다양한 기법이 있다. 교사가 어떤 기법을 사용하느냐는 다루고자 하는 학생이 어떤 유형의 학생인지와 어떤 상황인지에 따라 달라진다. 한 학생에게 효과적인 기법이 다른 학생에게 효과적이지 않을 수 있으며, 한 교사에게 수월한 기법이 다른 교사에게 불편할 수도 있다. 교사는 각자 참조 틀 안에서 자신만의 방법을 찾기 위해 노력해야만 한다. 다음 〈표 4-5〉는 드레이커스와 그뤤왈드 등이 25년 이상 동안 검증해 온 효과적인 관심 끌기 행동을 다루는 방법을 정리한 것이다(Dreikus, Grunwald, & Pepper, 1998).

〈표 4-5〉 관심 끌기 행동을 다루는 방법

---

1. 학생에게 목적을 밝힌다.
2. 결국 학생이 관심을 얻지 못하고 행동을 포기할 것임을 깨달을 때까지 교사는 하던 일을 멈추고 기다린다.
3. 학생에게 얼마나 자주 이 수업을 방해하길 원하는지 묻고, 합의를 이끌어 낸다.
4. 학생이 소란을 피우지 않는 때를 기다렸다가 감사를 표시한다.
5. 학생이 원하는 교사의 반응이 무엇인지 생각해 보고, 그와 반대되는 반응을 보인다.
6. 수업을 방해하는 목적에 대해 학급회의에서 논의한다.
7. 학생에게 긍정적인 관심을 준다.

출처: Dreikurs, R., Grunwald, B. B., & Pepper, F. C. (1998). *Maintaining sanity in the classroom: Classroom management techniques* (2nd ed.). Philadelphia, PA: Accelerated Development.

학생들이 긍정적인 관계 형성을 통해 소속감을 느끼도록 돕는 당신의 방법을 창의적으로 생각하여 다음 목록에 추가하여 적어 보자.

- 모둠 활동을 통해 프로젝트를 진행하며 서로 협력하게 한다.
- 주말을 지낸 이야기를 통해 개인의 취미, 가족, 관심사를 함께 알아본다.
- 결석한 친구에게 카드, 메시지, 알림장을 전달한다.
- --
- --
- --

2) Step 2: 힘겨루기 교정

능력을 얻기 위해서는 자기 훈육이 필수적인 기술이다. 즉, 자신과 공동체의 긍정적인 목표를 달성하기 위해서는 자신의 감정과 행동을 조절할 수 있는 자기 훈육이 필요하다. 자기 훈육을 통해 학생들은 스스로를 통제할 수 있으며 내면의 힘을 발달시키고 부정적인 압력과 유혹을 이길 수 있다. '힘겨루기'의 목적을 추구하는 학생들에게 건설적인 방법으로 능력을 갖게 하여 '독립'의 목적으로 변화시키도록 돕기 위한 효과적인 전략은 다음과 같다(Lew & Bettner, 1998, pp. 36-37).

① 학생들이 해야만 하는 행동보다 교사가 할 수 있는 일을 생각하라.

학생에게 교사가 원하는 행동을 하도록 강요하기 보다는 교사가 먼저 학생의 변화를 돕기 위해 할 수 있는 일의 목록을 작성하는 것이 좋다.

② 잘못된 행동을 하는 학생을 지도할 때, 학생의 존재가 아니라 행동에 초점을 두라.

학생의 잘못된 행동은 받아들일 수 없지만 학생의 존재는 절대 그렇지 않다.

③ 일을 키우지 말라.

힘겨루기 싸움을 거부하라. 교사가 학생과 싸운다면 학생은 체면을 지키기 위해 저항을 결심할 것이다.

④ 학생이 능력이 있다는 것을 알게 하는 진정한 책임감을 학생에게 주라.

학생에게 선택권을 주고 의사결정 과정에 참여하게 하라. 건설적인 방법을 통해 학생은 자신이 능력이 있다는 것을 알게 된다.

⑤ 학급 공동체가 함께 합의한 규칙과 결과를 적용하라.

이러한 방법을 통해 교사는 권위를 얻기 위해 승자가 되려는 어리석은 게임에서 빠져나올 수 있다. 만약 학생이 합의된 규칙이나 결과를 어긴다면, 이는 교사가 아니라 학급 공동체에게 도전하는 것이 된다.

다음 사례를 통해 〈Step 2〉 힘겨루기 동기 수정을 연습해 보자.

교사: 리코더 연주 시간입니다. 책상 위에 음악 책과 리코더를 준비해 주세요.

(한 학생이 일어나 의기양양한 표정으로 사물함 쪽으로 간다.)

교사: (그 학생에게 강한 어조로) 자리에 빨리 앉으세요!

> 학생: 사물함에서 리코더를 꺼내려던 것뿐이에요. 내가 리코더를 불기
>
>   를 바라는 거 아니었어요? 리코더 없인 연주를 못하잖아요?
>
> 교사: (화가 나고 학생이 교사에게 도전하고 있다고 생각한다.)

전형적인 힘겨루기 사례이다. 이런 상황에서 교사는 어떻게 대응하는 것이 적절할까? 기존 방식과 정반대로 행동하면 오히려 해결의 실마리를 찾게 될 것이다. 교사가 학생과 힘겨루기를 포기하고 물러난다면, 학생이 지속적으로 요구하는 싸움에 휘말려들지 않게 된다. 이때 교사는 학생에게 굴복당했다는 패배감에 사로잡히지 않도록 주의해야 한다. 불필요한 감정적 소모 대신 학생 문제 행동의 본질을 꿰뚫어 보는 것이 필요하다.

> 교사: 리코더 연주 시간입니다. 책상 위에 음악 책과 리코더를 준비해 주세요.
>
> (한 학생이 일어나 의기양양한 표정으로 사물함 쪽으로 간다.)
>
> 교사: (그 학생에게 부드러운 어조로) 네가 거기 있어서 하는 말인데 선생님을
>
>   위해서 뒤에 있는 보조 의자 좀 가져다줄래?
>
> (학생이 힘겨루기 하는 일을 남을 위해 공헌하는 기회로 바꾸어 준다.)
> -
> (만약의 경우, 학생이 화가 나서 다음과 같이 반응할 수도 있다.)
>
> 학생: (매우 화가 난 목소리로) 선생님 일은 선생님이 알아서 하세요.
>
> 교사: (이에 교사는 어떤 반응도 하지 않는 것이 좋다.)

〈표 4-6〉은 힘겨루기 행동을 다루는 효과적인 방법을 정리한 것이다(Dreikus, Grunwald, & Pepper, 1998).

〈표 4-6〉 힘겨루기 행동을 다루는 방법

---

1. 목적을 찾아낸다.
2. 힘겨루기를 피하는 것이 핵심 규칙이다. 교사는 학생이 얌전히 행동하게 만들 수 없다는 것에 동의한다. "과제를 하도록 내가 너에게 강요할 수 없음을 내게 보여 주고 싶은 거니? 만약 그렇다면, 네가 맞았어. 나는 그렇게 할 수 없어." 이런 교사의 반응은 학생이 바라거나 기대하는 것이 아니다.
3. 학생의 도움이 필요하다고 학생을 설득한다.
4. 학생이 계속해서 자극한다면, 교사는 학급에 있는 모든 사람이 동일한 권리를 누려야 한다고 학생이 동의했던 논의 내용을 학생에게 일깨운다. "우리 각자 자신의 권리를 가질 수 있는 방법을 찾아보자. 너는 콧노래를 부르길 원하고, 나는 가르치길 원하며, 나머지 학생들도 공부하길 원해. 나는 네가 공부하도록 강요할 권리가 없어. 마찬가지로 너도 우리가 공부하지 않도록 강요할 권리를 가지고 있지 않아. 학급을 방해하지 않으면서 네 자리에 앉아 있든지 우리가 너를 방해하지 않을 교실 뒤나 지정된 장소로 가서 있든지 선택을 해. 네가 우리의 권리를 존중하기로 결정할 때는 언제든지 네 자리로 돌아올 수 있어."
5. 교사는 학생이 협력했을 때, 격려의 기회로 적극 활용한다.
6. 앞의 제안은 일시적인 효과만 있을 뿐이다. 궁극적인 도움을 얻기 위해 학급회의를 활용한다(제8장).

출처: Dreikurs, R., Grunwald, B. B., & Pepper, F. C. (1998). *Maintaining sanity in the classroom: Classroom management techniques* (2nd ed.). Philadelphia, PA: Accelerated Development.

학생들이 자신감을 얻고 유능함을 느끼도록 돕는 당신의 방법을 창의적으로 생각하여 다음 목록에 추가하여 적어 보자.

- 학생들의 실수보다는 노력을 찾아 격려해 준다.
- 시험지를 채점할 때, 맞춘 답의 점수나 무엇을 잘했는지 기록해 준다.
- 실수로부터 배운 것이 무엇인지 함께 이야기 나눈다.

- ....
- ....
- ....

3) Step 3: 복수하기 교정

학생들은 자신의 행동에 책임을 지도록 배워야 한다. 기꺼이 책임을 지는 것은 우리가 중요한 존재이고 영향을 주는 사람이 되는 데 필수적이다. 리더십과 생산성은 책임감의 유무에 달려 있다. 이러한 능력이 없다면 사람들은 자신의 짐이 너무 많다고 생각하고 삶이 공정하지 않다고 느낀다. '복수하기'의 목적을 추구하는 학생에게 건설적인 방법으로 중요성을 느끼게 하여 '공헌'의 목적으로 변화시키도록 돕기 위한 효과적인 전략은 다음과 같다(Lew & Bettner, 1998, pp. 39-40).

① 학생의 긍정적인 면을 목록화하라.

특히 교사가 패배감을 느낄 때 이것을 생각하라. 동료 교사들과 이 목록을 공유하고, 함께 생각해 보게 하라.

② 보복하며, 악화시키고, 굴욕감을 느끼게 하지 말라.

존중하는 관계를 유지하라. 분노하기 전에 행동하라. 갖가지 작은 규칙 위반에 초점을 두는 것을 피하라. 주의 깊게 갈등을 선택하라.

③ 갈등을 해결하기 전에 침착해질 시간을 가지라.

교사에게 상처를 주고 있는 학생은 사실 자기 스스로 상처받았다고 느끼는 학생이라는 것을 생각하라.

④ 다른 사람을 돕는 많은 기회를 제공하라.

학생에게 공헌이 필요하다는 것을 알게 하라. 이 학생은 불공정에 대해 알고 있으며, 기꺼이 더 운이 없는 사람을 돕고자 할 것이다.

⑤ 문제해결을 위한 책임을 공유하라.

학생에게 "이 상황에서 우리가 무엇을 해야만 하는지 생각해 볼래?"라고 질문하라.

다음 사례를 통해 〈Step 3〉 복수하기 동기 수정을 연습해 보자.

교사: 리코더 연주 시간입니다. 책상 위에 음악 책과 리코더를 준비해 주세요.

(한 학생이 어슬렁거리며 사물함 쪽으로 가다가 다른 친구의 책상에 일부러 부딪히기도 하고 책상 위 물건도 떨어뜨리고, 바닥에 있는 물건을 발로 걷어찬다.)

교사: (그 학생에게 매우 강한 어조로) 빨리 자리에 앉지 못해!

학생: 세상에. 그냥 리코더 꺼내러 간 거잖아요. 내가 뭘 하길 바라는데요? 손으로 불라고요? (학급의 가장 모범생을 가리키며) 저 애가 사물함에 리코더 가지러 갈 때는 아무 말도 안 하셨잖아요. 앉으라고요? 네. 네. 알았어요. 앉을게요. (바로 옆자리 친구를 의자에서 밀쳐 내고, 리코더를 마구 휘두르며 그 자리에 앉는다.)

전형적인 복수하기 사례이다. 교사는 그 학생이 예상하지 못한 전혀 뜻밖의 반응으로 학생을 존중하면서 따뜻함으로 대하고 서로 돕도록 가르쳐야 한다. 이러한 교사의 태도는 그 학생을 위한 일인 동시에 전체 학급 구성원들에게도 매우 중요한 일이다. 학급 전체 학생 앞에서 그 학생을 죄인 심판하듯이 비난하거나 협박, 훈계, 재판하는 것을 멈추어야 한다. 한 학생의 잘못된 행동으로 전체 학생에게 일방적으로 처벌이나 훈화를 한다든지 모두에게 죄의식을 심어주는 비효율적인 잔소리는 지양해야 한다. 교사는 인내심과 진실한 마음으로 이제까지 학생이 경험해 보지 못한 따뜻하고 긍정적인 방식으로 지도하여 학생의 잘못은 거부하지만 학생의 존재는 존중한다는 것을 느끼게 해야 한다. 그 순간 복수하기를 추구하는 학생에게 서서히 변화가 시작될 것이다. 이를 효과적인 전략을 사용하여 동기를 수정하면 다음과 같이 시나리오가 변화될 것이다.

교사: 리코더 연주 시간입니다. 책상 위에 음악 책과 리코더를 준비해 주세요.

(한 학생이 어슬렁거리며 사물함 쪽으로 가다가 다른 친구의 책상에 일부러 부딪히기도 하고 책상 위 물건도 떨어뜨리고, 바닥에 있는 물건을 발로 걸어 찬다.)

교사: (침착하게 나 전달법을 사용하여) 악기를 가져올 때 다른 친구 물건을 떨어뜨리고 발로 차니까 선생님은 신경이 쓰이고 마음이 상하는구나. 선생님은 네가 수업 시간에 리코더를 조용히 가져오면 좋겠구나.

〈표 4-7〉은 복수하기 행동을 다루는 효과적인 방법을 정리한 것이다(Dreikus, Grunwald, & Pepper, 1998).

〈표 4-7〉 복수하기 행동을 다루는 방법

---

1. 교사는 학생의 목적을 직면시킨다.
2. 교사는 학생이 다른 사람들을 화나게 만들었던 여러 상황에 대해 함께 토론한다. 학생이 자신에 대해 간과하는 긍정적 자질을 다른 사람들이 자신을 좋아하게 만드는 데 거의 사용하지 않는다는 점을 알려 준다.
3. 교사는 다른 사람들이 학생을 좋아할 수 있는지 확인하기 위해 일정 시간 동안 어느 누구도 화나게 자극하지 않도록 동의하고, 이를 실험해 보도록 학생을 설득할 수 있다.
4. 교사는 학생의 감정에 공감하고, 진심 어린 관심을 보이며, 어떤 경우에라도 학생을 도울 것이라는 점을 학생에게 납득시킨다.
5. 다른 상황에서처럼 학급회의(제8장), 격려(제6장), 집단수용을 통해 복수하는 학생을 가장 잘 도울 수 있다.

출처: Dreikurs, R., Grunwald, B. B., & Pepper, F. C. (1998). *Maintaining sanity in the classroom: Classroom management techniques* (2nd ed.). Philadelphia, PA: Accelerated Development.

학생들이 공헌을 통해 존재감을 느끼도록 돕는 당신의 방법을 창의적으로 생각하여 다음 목록에 추가하여 적어 보자.

- 학생들과 함께 프로젝트 학습의 일정을 계획한다.
- 재능 기부를 통해 서로 돕고 서로 가르쳐 주는 기회를 제공한다.
- 저학년 학생을 도울 수 있는 기회를 제공한다(예: 책 읽어 주기).

- _____
- _____
- _____

4) Step 4: 무능력 보이기 교정

용기를 현명하고 안전하게 사용하려면 좋은 판단력이 필요하다. 좋은 판단력을 가지고 현명한 선택을 할 수 있는 능력을 통해 우리의 삶이 달라진다. '무능력 보이기'의 목적을 추구하는 학생들에게 건설적인 방법으로 용기를 갖게 하여 '적응 유연성'의 목적으로 변화시키도록 돕기 위한 효과적인 전략은 다음과 같다(Lew & Bettner, 1998, pp. 41-42).

① 실수를 배움의 경험으로 만들라.

새로운 기술을 획득하기 위해서는 실패의 위험이 있다는 것을 알려 주어라. "다음에는 무엇을 다르게 해 볼 거야?"라고 질문하라. 인내와 경험을 통해 배우는 것의 중요성을 알려 주기 위해 실패를 극복한 사람들의 이야기(예: 에디슨)를 함께 나누라.

② 성공 가능한 상황을 만들라.

학생의 발전을 관찰할 수 있고, 스스로 해낼 수 있도록 커다란 과제를 작은 단계로 나누어 제공하라. 가능하면 격려할 수 있는 도우미 교사를 제공하라.

③ 어떤 노력이나 작은 향상도 알아차리라.

완벽할 때만 알아차리는 것이 아니라 교실의 모든 학생의 노력과 작은 향상에 초점을 두라. 이 전략을 가정에서도 함께 적용하도록 부모와 협력하라.

④ 긍정적인 자기 격려를 가르치라.

학생이 부정적인 말로 자기 스스로를 낙담시키지 않도록 하라. 만약 학생이 "난 못해."라고 말하면 "난 이것을 어떻게 하는지 아직 배우지 못했어."로 바꾸도록 하라.

⑤ 포기하지 말라.

무능력 보이기를 추구하는 학생은 다른 사람들이 자신에게 어떤 기대나 요구를 하지 못하도록 만드는데 익숙하다. 교사는 어떠한 상황에서도 이 학생을 돕는 것을 포기하지 않아야 한다.

다음 사례를 통해 〈Step 4〉 무능력 보이기 동기 수정을 연습해 보자.

교사: 리코더 연주 시간입니다. 책상 위에 음악 책과 리코더를 준비해 주세요.

(심하게 무기력한 학생이 책상에 그대로 엎드린다. 교사는 그 학생이 사물함에 가서 리코더라도 가져왔으면 한다.)

교사: (그 학생에게) 뭐가 문제야? 최소한 노력은 해 봐야지.

학생: (아무런 반응이 없다.)

교사: (절망적인 기분을 느낀다.)

일반적인 무능력 보이기 사례이다. 불완전할 용기를 갖도록 하며, 교사나 학생 모두에게 완벽함을 기대해서는 안 된다. 약점이 아닌 강점에 주목하고, 다른 사람과 비교하거나 비난하지 않아야 한다. 교사는 이를 효과적인 전략을 사용하여 동기를 수정하면 다음과 같이 시나리오가 변화될 것이다.

교사: 리코더 연주 시간입니다. 책상 위에 음악 책과 리코더를 준비해 주세요.

(심하게 무기력한 학생이 책상에 그대로 엎드린다. 교사는 그 학생이 사물함에 가서 리코더라도 가져왔으면 한다.)

교사: (리코더를 학생에게 건네주면서) 네가 리코더로 연주할 수 있는 음을 골라서 불어 보면 좋겠어. 다른 문제들은 천천히 함께 이야기해 보자.

〈표 4-8〉은 무능력 보이기 행동을 다루는 효과적인 방법을 정리한 것이다(Dreikus, Grunwald, & Pepper, 1998).

1. 학생의 목적을 드러낸다.
2. 시도해 보지 않으면 자신의 진짜 능력을 절대로 알지 못할 것임을 학생이 깨닫게 한다.
3. 학생이 공부하려고 노력했지만 실제로 할 수 없었다면, 교사는 학생에게 어떤 영역에서 도움이 필요한지 알려 주고 친구들이 도울 것이라고 말해준다.
4. 학생이 성공할 수 있는 활동을 찾는다. 실패로 끝날 일을 절대로 주지 않는다.
5. 다른 학생들이 쉽게 무시하지 않도록 교사는 격려하는 과정에서 전체 학급 구성원의 도움을 요청한다.
6. 전체 학급 구성원이 이 학생에 대한 이해, 공감, 책임감을 갖도록 학급회의를 활용한다(제8장).

출처: Dreikurs, R., Grunwald, B. B., & Pepper, F. C. (1998). *Maintaining sanity in the classroom: Classroom management techniques* (2nd ed.). Philadelphia, PA: Accelerated Development.

학생들이 용기를 발달시키도록 돕는 당신의 방법을 창의적으로 생각하여 다음 목록에 추가하여 적어 보자. 이러한 활동은 당신이 아들러 심리학을 교실 현장에 적용하는 데 도움이 될 것이다.

- 학생을 다른 친구들과 비교하지 않는다.
- 불완전할 용기를 갖도록 돕는다.
- 학생을 비난하지 않고, 강점을 찾아 격려해 준다.
- ⋯⋯⋯⋯⋯⋯⋯⋯⋯⋯⋯⋯⋯⋯⋯⋯⋯⋯⋯⋯⋯⋯⋯⋯⋯⋯⋯
- ⋯⋯⋯⋯⋯⋯⋯⋯⋯⋯⋯⋯⋯⋯⋯⋯⋯⋯⋯⋯⋯⋯⋯⋯⋯⋯⋯
- ⋯⋯⋯⋯⋯⋯⋯⋯⋯⋯⋯⋯⋯⋯⋯⋯⋯⋯⋯⋯⋯⋯⋯⋯⋯⋯⋯

참고문헌

노안영, 강만철, 오익수, 김광운, 정민(2011). 개인심리학 상담 원리와 적용. 서울: 학지사.

Dinkmeyer, D., & Dreikurs, R. D. (2000). *Encouraging children to learn (revised edition)*. PA: Brunner-Routledge.

Dinkmeyer, D., & Mckay, G. D. (1998). *Systematic Training for Effective Parenting of Teens (STEP/Teens): Parenting teenagers*. Circle Pines, MN: American Guidance Service.

Dreikurs, R. (1971). *Social equality: The challenge of today*. Chicago, IL: Adler School of Professional Psychology.

Dreikurs, R., Cassel, P., & Ferguson, E. D. (2004). *Discipline without tears: How to reduce conflict and establish cooperation in the classroom* (Rev. ed.). Canada: Wiley.

Dreikurs, R., Grunwald, B. B., & Pepper, F. C. (1998). *Maintaining sanity in the classroom: Classroom management techniques* (2nd ed.). Philadelphia, PA: Accelerated Development.

Dreikurs, R., & Soltz, V. (1968). *Children: the challenge*. New York: Hawthorn.

Kelly, E. W., & Sweeney, T. J. (1979). *Typical fault goals of adolescents. School Counselor 26*, 236-246.

Lew, A., & Bettner, B. L. (1998). *Responsibility in the Classroom: A teacher's Guide to Understanding and Motivation Students* (revised edition). MA: Connexions Press.

Sweeney, T. J. (1998). *Adlerian Counseling: A practitioner's approach* (4th ed.). Philadelphia, PA: Accelerated Development.

Yang, J., Milliren, A., & Blagen, M. (2010). *The psychology of courage: An Adlerian handbook for healthy social living.* New York: Routledge.

제5장 **생활양식**

  복지시설에서 사회복지사들의 도움을 받으면서 생활하던 초등학교 2학년 여학생은 선택적 함묵증으로 교사나 친구들과의 대화를 거부하면서 힘들게 학교생활을 하고 있었다. 수업 시간에 질문을 하여도 멀뚱거리면서 쳐다만 보고 대답을 하지 않았으며, 친구들과도 거의 어울리지 않았다. 단지 등 · 하교 때나 방과후에 복지시설에서 함께 지내는 언니, 동생과만 이야기를 하거나 장난치는 모습을 볼 수 있었다. 게다가 수업 시간에는 교과서를 꺼내지도 않고 자신이 읽고 싶은 만화책만 읽거나 교사가 지도하는 말에는 대꾸도 하지 않았다. 이처럼 대화를 거부하던 학생에게 담임교사는 답답함과 무력감을 느꼈다.

  교사는 우연한 기회에 아들러 심리학을 먼저 공부한 선생님께 학생의 생활양식을 탐색할 수 있다는 초기기억 검사를 소개받아 실시하게 되었다. 학생의 초기기억 그림은 다음과 같았다. 텅 빈 놀이터 그네에 혼자 앉아서 눈물을 뚝뚝 흘리고 있는 모습이 보였다. 그리고 왼쪽 골목 모퉁이를 돌아 엄마가 뒷모습으로 사라지고 있는 모습도 그려져 있었다. 그 장면은 여섯 살 때 엄마가 아이에게 놀이터에서 잠깐 놀고 있으라고 말한 뒤, 사라진 슬픈 그 날의 모습을 그려 낸 것이었다. 말로 표현하지 못했던 아이의 상처와 슬픔을 초기기억을 통해서 발견할 수 있었고, 그 뒤로 이 학생은 교사에게 마음을 서서히 열기 시작하였다. 교사는 학생의 생활양식을 이해하게 되었으며 협력적인 관계를 맺고 대화를 시작하게 되었다.

앞 사례처럼 아들러 심리학에서는 학생들의 마음을 알아차리고, 현재 학생들의 행동에 대한 심층적인 이해를 돕는 여러 유용한 방법을 제안하고 있다. 아들러는 생물학적 측면보다는 사회적 요인을 강조하고, 무의식적 특성보다는 목적 지향적인 본질을 강조하였다. 이러한 사회목적론적인 관점은 우리 모두 각자 자신, 타인, 삶에 대한 독특한 관점을 발달시키고 단기적, 장기적 목표를 만들어 행동에 동기를 부여하며 살아간다는 점을 강조한다(Bitter, Sonstegard, & Pelonis, 2004). 제4장에서 다루었던 학생의 행동 목적은 주로 즉각적인 상황의 단기적인 목표이다. 이는 교사가 즉시 반응하고 다루어야 하는 것이다. 한편, 이 장에서 다룰 '우리의 삶에 대한 이야기'라고 불리는 '생활양식'은 장기적인 목표에 해당된다.

생활양식은 주로 생후 6년 동안에 형성된다. 하지만 그 후에 일어난 다른 사건들도 학생의 발달에 지대한 영향을 미친다. 비합리적 신념체계에 갇혀 잘못된 생활양식을 형성하게 만드는 것은 아동기 경험 자체가 아니라 그러한 경험에 대한 우리의 해석 때문이다. 따라서 자신이 발달시킨 부적절한 생활양식을 수정하여 근본적인 변화를 일으킬 수 있는 주체는 바로 자기 자신이다. 따라서 교사는 학생의 생활양식을 이해하는 것을 통해 어린 시절 경험을 재구조화하여 사회적으로 유용한 생활양식으로 변화하도록 도울 수 있다. 이 장에서는 생활양식의 개념과 유형을 알아보고, 교육 현장에서 학생의 생활양식을 평가할 수 있는 유용한 방법을 살펴보도록 하자.

1. 생활양식의 개념과 유형

1) 생활양식의 개념

사람은 각자 자신이 형성한 고유한 생활양식(life style)에 따라 세상을 살아간다. 생활양식은 단순한 요소가 아니라 인간 성격의 다양한 측면과 관계되어 있다. 생활양식은 사람들의 사고, 감정, 행동 방식, 자신과 세계에 대한 관점, 삶의 목적, 삶의 가치와 태도, 삶을 살아가는 방식 등 개인의 독특성을 설명하는 아들러의 독자적인 원리이다. 생활양식은 때때로 문제해결의 방식, 삶에 대한 태도, 삶의 목적 달성을 위한 수단으로 설명되기도 하며, 성격(personality), 심리(psyche), 특성(character) 등과 같은 의미로 사용될 수도 있다 (Lundin, 1989).

- 개인적 특성과 창의적 모습
- 삶의 문제를 해결하는 방식
- 삶에 대한 자신의 태도
- 열등감을 보상하는 방식
- 자신에게 의미 있는 삶의 방식
- 전체이고 단일한 성격
- 목적과 목적 달성 수단
- 자신과 타인에 대한 견해
- 우월성 추구와 사회적 관심을 충족하는 방식
- 전체 성격의 표현 방식

2) 생활양식의 유형

아들러는 생활양식 유형을 설명하기 위해 〈표 5-1〉처럼 가로축의 '사회적 관심'과 세로축의 '활동 수준'을 기준으로 이원적 모형을 제시하였다. '사회적 관심'은 자기 이익보다는 공동체 발전을 위해 다른 사람들과 협력하는 것을 의미하며, 각 개인에 대한 감정이입과 일체감을 말한다. '활동 수준'이란 에너지 수준과 일치하며, 인생 문제를 해결하려는 개인의 움직임을 말한다. 활동 수준은 사람마다 다르며, 아주 무기력하고 우유부단한 사람부터 끊임없이 왕성하게 활동하는 사람까지 다양하다. 그러나 활동 수준이 건설적이 되거나 파괴적이 되는지 여부는 사회적 관심과의 결합에 따라 달라진다. 아들러는 〈표 5-1〉과 같이 사회적 관심과 활동 수준의 조합에 따라 사회적 유용형, 지배형, 기생형, 회피형의 네 가지 생활양식 유형을 제시하였다. 아들러는 사회적 관심이 높으나 활동 수준이 낮은 사람은 논리적으로 존재하기 힘들다고 하였다. 왜냐하면 사회적 관심은 어느 정도 활동 수준을 전제한다고 생각했기 때문이다(노안영 외, 2011).

〈표 5-1〉 아들러의 생활양식 유형

활동 수준 \ 사회적 관심	높은 사회적 관심	낮은 사회적 관심
높은 활동 수준	사회적 유용형	지배형
낮은 활동 수준	없음	기생형, 회피형

출처: Dinkmeyer, D., Jr., & Sperry, L. (2000). *Counseling and psychotherapy: An integrated, individual psychology approach*(3rd ed.). Upper Saddle River, NJ: Merrill/Prentice Hall.

- A 학생: 모둠 활동에 적극적으로 참여하며 공동체의 문제해결에 협력적인 태도를 보인다. 필요한 경우에는 리더 역할을 하기도 하며, 양보해야 하는 경우에는 기꺼이 다른 친구의 의견을 따른다.
- B 학생: 학급에서 항상 최고가 되고 싶어 하며, 다른 친구들을 이끌고 보스 역할을 하고 싶어 한다. 마음대로 되지 않을 경우, 화를 내며 파괴적인 행동을 보인다.
- C 학생: 모둠별 주제학습을 할 때 무임승차로 과제를 해결하고 싶어 한다. 잘하는 친구에게 의지하여 자신은 노력하지 않고 함께 좋은 결과를 얻기를 기대한다.
- D 학생: 모둠별 작품을 구성할 때 다른 친구를 방해하지 않지만 그렇다고 협력하지도 않는 무력한 모습을 보인다. 의욕이 없으며 친구들과 함께 작업하는 것에 무관심하다.

이 학생들의 생활양식 유형을 추측해 보자. 〈표 5-2〉의 생활양식 유형별 특징을 살펴보는 것은 각 학생의 생활양식을 이해하는데 도움이 될 것이다.

〈표 5-2〉 생활양식 유형별 특징

유형	특징
사회적 유용형	활동성과 사회적 관심이 높은 유형으로, 삶의 과제에 적극적으로 대처하며 자신의 삶의 문제를 잘 발달된 사회적 관심의 틀 안에서 타인과 협력하여 적절한 방법으로 해결한다.
지배형	활동성이 높고 사회적 관심이 낮은 유형으로, 다른 사람에게 상처를 주기 위해 타인이나 자신을 공격하면서 우월성을 성취한다.
기생형	활동성이 낮고 사회적 관심도 낮은 유형으로, 타인에게 모든 것을 얻기를 바라고 의존적인 삶을 산다. 자신의 문제를 스스로 해결하지 않고 수동적인 대인관계를 유지하는데 자신의 모든 힘을 사용한다.
회피형	활동성과 사회적 관심이 낮은 유형으로, 삶의 문제를 회피하여 모든 실패의 두려움에서 벗어나려고 하며 사람들과의 관계에도 관심을 두지 않는다.

아마도 A 학생은 사회적 유용형, B 학생은 지배형, C 학생은 기생형, D 학생은 회피형의 생활양식 유형을 가지고 있을 가능성이 높다. 보편적으로 생활양식 그 자체가 변하기는 쉽지 않다. 그러나 인간의 자유의지에 의한 선택권과 어려움을 이겨 내는 창조적인 힘은 생활양식을 변화시킬 수 있다(Sweeny, 1998). 그러므로 교사는 학생이 자신의 잘못된 생활양식을 알아차리도록 도움을 주어야 한다. 또한 학생의 사회적 관심과 활동 수준을 높일 수 있는 지도 방안을

통해 사회적 유용형으로 변화하도록 안내할 수 있다. 이를 위해 교사가 학생의 생활양식을 평가하고 이해하는 것은 중요하다.

2. 생활양식 평가하기

교사는 학생의 생활양식을 평가함으로써 학생의 적응과 부적응을 예상할 수 있는 중요한 자료를 얻을 수 있다. 생활양식은 개인의 가치와 신념, 목표, 태도, 관심, 현실적 지각의 표현이므로 현재 생활의 적응뿐만 아니라 미래 삶의 방향을 예측하도록 도울 수 있기 때문이다. 학생의 생활양식을 평가하기 위해 가족 분위기, 가족 구도, 출생 순위, 초기기억, 꿈, 질문 등을 이용할 수 있다. 또한 학생의 자세, 옷차림, 특정한 활동, 특히 다른 사람과 상호작용하는 방식을 관찰하는 것을 통해 생활양식을 탐색할 수 있다(Sweeny, 1998). 이러한 방법들 중에서 교사는 투사적 기법(예: 초기기억, 동적 가족화)에 대한 경험이 부족한 경우 어려움이 있을 수 있다. 이런 경우 투사적 기법을 활용하기 위한 추가적인 학습과 노력이 필요하다. 투사적 기법의 전문가적 해석은 잘 숙련된 통찰력과 인간 행동에 대한 지식, 경험, 실습을 바탕으로 이루어진다.

지금부터 생활양식을 평가하는 방법 중에서 교실 상황에서 손쉽게 적용할 수 있는 가족 구도와 출생 순위, 초기기억, 다양한 생활양식 측정 도구에 대해 살펴보기로 한다.

1) 가족 구도와 출생 순위

가족 구도(Family Constellation)와 출생 순위는 학생의 생활양식에 대한 많은 정보를 담고 있다. 가족 구도는 가족 구성원의 성격 특성, 가족 구성원 간 정서적 유대, 다른 구성원에 대한 지배 또는 복종의 관계, 가족의 크기, 자녀 간 나이 차이, 자녀의 성별, 형제 수, 자녀의 출생 순위의 다양한 요소에 영향을 받는다(Dinkmeyer & Sperry, 2000). 아들러는 성격 발달과 가족 역동에서 출생 순위의 중요성을 이야기한 첫 번째 심리학자이다. 출생 순위란 가족 구도의 연대적 위치인데, 이때 실제 출생 순위보다 심리적 출생 순위가 더 중요하다(Shulman & Mosak, 1988). 교사는 학생의 심리적 출생 순위를 살펴봄으로써 학생의 가족 내 위치, 소속감, 의미를 얻는 방법을 이해할 수 있다.

- A 학생: 모둠 활동에서 게임을 할 때, 유달리 경쟁이 심하고 피해의식이 많다. 늘 게임에서 이기고 싶어 하며, 그렇지 못한 경우 화를 내며 울기도 한다.
- B 학생: 다른 친구들에게 늘 애교를 부리며 귀여운 말과 행동을 많이 한다. 친구들도 B 학생을 귀여워하며 쉬는 시간에는 머리도 묶어 주고 부족한 학습도 도와준다.
- C 학생: 학급에서 최고가 되고 싶어 하며, 선생님 대신에 다른 친구들을 이끌고 보스 역할을 하고 싶어 한다. 뜻대로 되지 않을 경우 심한 분노를 표현하기도 한다.

이 학생들의 심리적 출생 순위를 추측해 보자. 〈표 5-3〉의 출생
순위에 따른 심리적 특징을 살펴보는 것은 학생의 생활양식을 이해
하는 데 도움이 될 것이다.

〈표 5-3〉 출생 순위에 따른 심리적 특징

출생 순위	심리적 특징
첫째	처음에는 외동으로 출발하여 부모의 관심과 사랑을 독차지하며 응석받이로 자란다. 그러나 동생의 탄생으로 마치 왕좌를 빼앗긴 것과 같은 박탈감을 경험한다. 이후 첫째는 지위를 회복하기 위해 착한 행동을 함으로써 부모에게 인정받기 위해 노력한다. 이러한 태도는 점차 성격의 한 부분으로 자리 잡는다. 일반적으로 어른들의 기대에 잘 부응하고 책임감이 강하며, 문제에 대처할 때 사회적으로 수용 가능한 방법을 사용하는 경향을 보인다. 대체로 사회적 유용형 또는 지배형이 될 가능성이 높다.
둘째	첫째와 달리 태어날 때부터 부모의 관심을 차지하고 있는 누군가로 인해 부모의 사랑을 온전히 차지할 수 없다. 가장 두드러진 특징은 바로 경쟁이다. 이미 자신보다 우월한 첫째의 존재로 둘째에게 삶이란 누군가를 따라잡으려는 끊임없는 경주이다. 반면, 경쟁의 태도가 너무 지나쳐서 혁명가가 될 수도 있다. 불리한 조건에서도 어떻게든 첫째와 경쟁하여 가정 안에서 자신의 위치를 다지려고 노력하기 때문에 자신만의 독보적인 영역을 찾아 능력을 발전시켜 부모에게 인정받으려는 태도를 형성한다. 혹은 첫째가 실패한 것을 성취함으로써 경쟁에서 이기려고 한다. 대부분 둘째는 첫째와 상반되는 성격을 발달시킨다.
중간	위아래의 형제자매에게 끼어서 엄청난 경쟁의 압박을 느낀다. 형이나 언니를 따라잡기 위해 노력함과 동시에 동생에게 따라잡히지 않도록 신경 써야 하는 처지에 놓인다. 삶이 불공평하다는 믿음과 자신의 능력을 확신하지 못하는 태도를 갖기 쉽다. 그러나 일반적으로 사회관계를 맺고 유지하는 데 강점을 보인다. 가족이나 친구들 사이에서 갈등 중재자의 역할도 적절히 소화해 낸다.

막내	부모뿐만 아니라 형제자매로부터 큰 관심과 사랑을 받으며 성장한 다. 과잉보호를 받으며 양육되는 경우가 많아 의존적이며 책임감이 없는 문제아가 될 가능성이 높다. 한편 모든 가족 구성원이 자신보다 앞서 있기 때문에 강한 열등감을 지니기 쉽다. 열등감을 극복하기 위해 가족 중에서 어느 누구도 생각하지 못했던 방식으로 탁월한 성취를 나타내기도 한다.
외동	막내처럼 애지중지 양육되며, 가족 내 경쟁자가 없기 때문에 관심의 중심이 되고 자신의 중요성에 대해 과장된 생각을 갖기 쉽다. 하나뿐인 아이를 잃어버릴까 봐 불안해하는 부모의 태도가 자녀에게 전달되기도 한다. 외동은 상대적으로 소심하고 의존적인 아이로 자라기 쉽다. 형제자매와 나누고 양보하는 것을 경험하지 못해 자기중심적인 성향을 나타내기도 한다. 이러한 성향은 또래관계에 어려움을 가져오기도 한다.

출처: Shulman, B. H., & Mosak, H. H. (1988). *Manual for life style assessment*. Muncie, In: Accelerated Development.

아마도 A 학생은 둘째, B 학생은 막내, C 학생은 첫째일 가능성이 높다. 교사가 학생들의 출생 순위를 이해하고 정보를 수집하기 위해 추가로 사용 가능한 질문 목록은 〈표 5-4〉와 같다. 가족 구성원의 수, 심리적 출생 순위, 가족 내 출생 순위에 따른 강점과 약점, 형제자매의 특징, 형제자매 간 상호작용, 부모에 대한 생각, 학생에게 가장 중요한 영향을 미치는 가족 구성원 등을 파악하는 것은 학생의 가족 구도를 이해하는 데 중요하다.

교사는 학생 개인의 가족 구도와 출생 순위를 조사하여 학생의 고유한 생활양식을 이해할 수 있다. 각 출생 순위마다 전형적인 강점과 약점이 있기 때문에 교사는 학생의 강점을 격려하고 약점을 보완할 방법을 찾기 위해 이를 활용할 수 있다. 또한 학생들의 출생 순위

〈표 5-4〉 출생 순위 질문 목록

순	질문 목록
1	당신이 자랄 때, 가족의 구성원들은 누구였나요?
2	당신은 마음속으로 자신을 첫째, 둘째, 중간, 막내, 외동 중 어떤 순위이라고 생각하나요?
3	당신의 가족에서 ＿＿＿＿＿＿＿ 아이인 것이 어떤 점이 좋은가요?
4	당신의 형제자매는 다음 중 어떤 특징을 가지고 있나요?
	지적인, 열심히 공부하기, 높은 학교 성적, 집안일 돕기, 동조하는, 반항하는, 남을 기쁘게 하는, 자신의 길을 가는, 유머, 높은 성취 기준, 가장 버릇없는, 가장 벌을 많이 받은
5	당신은 형제자매와 어떻게 지냈나요?
	누가 누구를 돌보았으며, 누가 누구와 함께 놀았는지, 어머니 또는 아버지가 좋아하는 형제가 누구인지, 어느 형제와 가장 사이좋게 지냈는지 혹은 가장 많이 다투었는지
6	당신이 자랄 때, 부모님은 어떠셨나요?
	학생이 출생했을 때 부모 연령, 부모의 성격과 직업, 어머니 혹은 아버지를 가장 닮은 형제는 누구인지, 부모 간 관계

에 따라 모둠을 구성하고, 모둠별로 그들의 위치에서 있었던 성장 경험을 함께 나누도록 할 수 있다. 이 활동은 학생들이 가족 구도 내에서 일어난 상황이 자신에게만 해당되는 문제가 아님을 깨닫는 데 유용하다. 집단 활동을 통해 자연스럽게 학생들이 출생 순위에 따른 심리적 특징을 이해하고, 자신의 생활양식을 통찰하도록 도울 수 있다(Yang, Milliren, & Blagen, 2010).

이처럼 아들러는 가족 구도와 출생 순위가 아이의 성격 발달에 중요한 영향을 미치는 요인임을 강조했다. 그러나 출생 순위라는 하나의 틀로만 성격을 유형화하는 것은 경계해야 한다. 학생의 생활 양식은 출생 순위 외에도 다양한 생물학적, 환경적, 심리적 요인들의 조합으로 형성되기 때문이다. 그럼에도 심리적 출생 순위는 학생의 행동과 목적을 이해하는 데 유용한 방법이다.

　가족 분위기 및 가족 구도에 대한 학생의 인식을 알아보기 위한 여러 방법이 있다. 그중에서 '동적 가족화'와 '홈페이지 만들기'의 두 가지 유용한 기법을 소개하고자 한다.

(1) 동적 가족화(KFD)

　동적 가족화(Kinetic family drawing)는 학생이 주관적으로 지각하는 자신의 가족구성원에 대한 이미지를 시각적으로 표현하게 하는 투사 검사이다. 학생에게 움직이고 있는 전체 가족이 포함된 그림을 그리게 한다(Burns & Kaufman, 1970). 어린 학생일수록 가족 내에서 자신에게 중요한 영향을 미치는 인물 혹은 자신에게 부정적인 영향을 미치거나 관계가 좋지 않은 인물에 대한 감정을 솔직하게 드러낸다. 특히 동적 가족화는 경직된 가족 그림에서 보여 줄 수 없는 가족 구성원들 사이에 흐르고 있는 역동성, 친밀감, 단절감을 '무엇인가를 하고 있는' 가족 그림을 통해 엿볼 수 있게 해 준다. 동적 가족화 검사 실시 방법은 〈표 5-5〉와 같다.

〈표 5-5〉 동적 가족화 검사 실시 방법

준비물	연필과 지우개, 몇 장의 종이(백색 A4)
지시사항	"선생님에게 자신을 포함한 가족 모두가 있는 그림을 그려 주세요. 가족 모두가 무엇인가를 하고 있는 모습을 그려 주세요. 나는 네가 막대기 모양 사람(졸라맨 모양) 대신에 사람 전체의 모습을 그려 주었으면 좋겠어요. 기억하세요. 가족 모두가 어떤 행동과 같은 무엇인가를 하고 있는 모습을 그려 주세요."
주의점	종이는 가로 방향으로 제시해야 하며, 만화 그림이나 가만히 서 있는 사람을 그리지 않도록 덧붙이는 것이 좋다. 동적 가족화를 그릴 때 학생은 "각자 따로따로 뭔가를 하고 있는 그림을 그려도 되나요?"라는 질문을 자주 하는데, 이에 대해서는 "네 마음대로 그리면 된단다."라고 말해 주면 된다.
검사 중 할 일	그림을 그릴 때 시간제한은 없으며, 학생이 그림을 그리는 데 걸리는 시간을 측정하여 용지의 상단에 기록한다. 학생이 그림을 그리면서 자발적으로 설명을 할 경우 검사자는 이를 기록해야 한다.
검사 후 할 일	학생이 그림을 그리기를 마치면, 가족 구성원이 그려진 순서와 가족 중 빠진 사람이 있는지의 여부, 그리고 가족 이외에 그려진 사람이 있는지를 확인하고, 용지의 여백에 기록해 둔다. 그리고 그려진 각 인물에 대하여 학생과의 관계, 이름, 나이, 해석에 필요한 추가 질문을 한다.
추가질문	• 이 사람은 누구인가요? • 너와 이 사람의 관계는 어떤가요? • 이 사람은 몇 살인가요? • 나에게 이 사람에 대해 간단하게 말해 줄 수 있나요? • 이 사람은 무엇을 하고 있나요? • 이 사람은 어떻게 느끼고 있나요? • 이 사람은 무엇이 가장 필요한가요? • 이 사람에 대해 어떻게 느끼나요? • 이 사람은 다른 사람들과 어떻게 어울리나요?

출처: 신민섭(2003). 그림을 통한 아동의 진단과 이해: HTP와 KFD를 중심으로. 서울: 학지사.

만약 학생이 그림 그리기를 싫어한다면, 학생이 선호하는 대안적인 표현 방식을 선택하게 할 수 있다. 예를 들면, 가족 그림 색칠하기, 찰흙으로 가족 조각 만들기, 이야기 나누기, 퓨펫 인형으로 가족 놀이하기 등과 같다. 어떤 학생은 직접적으로 자신의 가족에 대해 묘사하는 것을 두려워하기 때문에 동물 사진이나 동물 그림을 이용해 동물 가족 콜라주를 만들 수도 있다. 다음의 사례들은 교사가 동적 가족화를 실시하고 이해하는 데 도움이 될 것이다.

> **사례 1** 워터 파크 수영장의 파란 물 한가운데 혼자 서 있는 자신의 모습을 그렸다. 커다란 미끄럼틀 건너편 멀리 엄마가 음료수를 들고 걸어오고 있다.

평소 혼자 있기를 좋아하고 말이 없는 차분한 1학년 남학생이다. 추가 질문하기를 통해 부모의 이혼으로 엄마와 단 둘이 생활하고 있다는 것을 알게 되었다. 내성적인 성격으로 자신을 잘 드러내지 않았지만, 진한 파란색으로 칠해놓은 물속에 혼자 서 있는 모습에서 아이의 마음 속 외로움과 슬픔을 느낄 수 있었다.

> **사례 2** 주말에 가족 모두 캠핑장에 놀러 간 장면을 그렸다. 아빠는 텐트를 세우고 있고, 엄마는 요리를 하고 있고, 오빠와 동생은 즐겁게 뛰어놀고 있다. 모두 즐거운 모습이다.

평소 아프거나 힘든 친구를 적극적으로 도와주며, 선생님에게 애교와 관심 끌기를 자주하는 3학년 여학생이다. 그리기를 마친 후, 교사가 각 인물이 누구인지 학생에게 질문을 하였다. 잠시 후 학생은 자신을 그리지 않았다는 것을 깨달았다.

교사: ○○야, 그림에 네 모습이 보이지 않는구나. 무슨 이유가 있어?

학생: 다른 가족들을 그리느라 바빴어요. 저를 그릴 시간이 없었어요.

자신이 빠진 동적 가족화에는 평소 자신을 돌보기보다는 타인을 지나치게 배려하고 관심과 인정을 얻기 위해 노력하는 학생의 생활 모습이 그대로 반영되어 있었다.

사례3 그림은 세 구역으로 진하게 나누어져 각각 다른 그림이 그려져 있다. 나는 아빠 손을 잡고 솜사탕을 먹으면서 즐겁게 동물원에서 놀고 있다. 엄마는 집에서 텔레비전을 보면서 소파에 앉아 있다. 두 명의 동생은 나란히 엎드려 잠을 자고 있다.

무기력하고 친구랑 잘 어울리지 않는 조용한 4학년 여학생이다. 질문하기를 통해 학생의 가족 구도를 이해할 수 있었다. 엎드려 있고 새까맣게 머리카락을 칠해놓은 잠자고 있는 두 명의 동생은 새어머니가 낳은 이복동생들이었다. 그림을 분할하여 새엄마와 동생들은 집에 있는 모습으로 그렸고, 자신만 아빠의 사랑과 관심을 독차지하고 싶은 바람을 나타내기 위해 아빠와 단둘이 즐겁게 동물원을 산책하는 모습으로 표현하였다.

동적 가족화는 의식적, 무의식적인 투사기법으로 그림을 이해하기 위해 활동(action), 양식(action), 상징(symbol)의 세 가지 영역에서 해석할 수 있다(Burns & Kaufman, 1972). '활동'은 가족 간 상호작용을 의미하며 학생이 지각하는 역동성을 볼 수 있다. '양식'은 일반적인 그림의 양식, 구획화, 포위, 가장자리, 인물 하선, 상부의 선, 하부의 선의 일곱 가지로 분류된다. '상징'은 공격성, 경쟁, 애정, 온화, 희망, 분노, 거부, 적개심, 힘의 과시, 우울 등을 나타낸다. 인물 묘사 순서, 인물상의 위치, 크기, 인물상 간의 거리, 얼굴의 방향, 특정 인물의 생략, 가족 구성원이 아닌 타인을 추가로 그린 점 등을 통해 그림 전체의 맥락에서 가족 간 역동성을 파악할 수 있다. 보다 타당하고 전문적인 해석을 위해 신민섭(2003)의 『그림을 통한 아동의 진단과 이해: HTP와 KFD를 중심으로』라는 책을 참고하길 바란다.

(2) 홈페이지 만들기

학생의 가족 구도를 탐색하기 위해 개인과 집단에 효과적으로 사용할 수 있는 기법으로 홈페이지 만들기가 있다(Milliren et al., 2008). 학생들에게 [그림 5-1]의 각 질문에 응답하면서 활동지를 채우도록 한다.

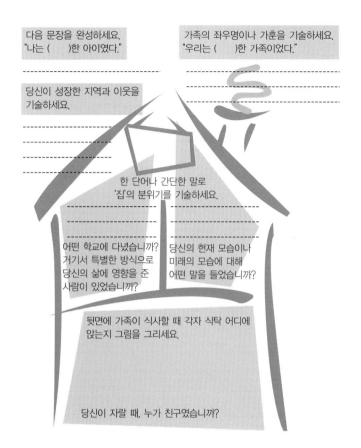

다음 문장을 완성하세요.
"나는 (   )한 아이였다."

가족의 좌우명이나 가훈을 기술하세요.
"우리는 (   )한 가족이었다."

당신이 성장한 지역과 이웃을
기술하세요.

한 단어나 간단한 말로
'집'의 분위기를 기술하세요.

어떤 학교에 다녔습니까?
거기서 특별한 방식으로
당신의 삶에 영향을 준
사람이 있었습니까?

당신의 현재 모습이나
미래의 모습에 대해
어떤 말을 들었습니까?

뒷면에 가족이 식사할 때 각자 식탁 어디에
앉는지 그림을 그리세요.

당신이 자랄 때, 누가 친구였습니까?

[그림 5-1] 홈페이지

출처: Milliren, A., Yang, J., Wingett, W., & Boender, J. (2008). A place called home. *The Journal of Individual Psychology*, *64*(1), 81-95.

활동지를 완성한 후, 학생의 반응을 존중하며 호기심 어린 탐색
(Respectfully curious inquiry: RCI) 과정을 이용하여 질문을 한다. 존
중하며 호기심 어린 탐색(RCI)은 개인의 인생 여정에 대한 대화 기
법이다. 어떻게 살아왔는지, 현재 무슨 일이 일어나고 있는지, 그리
고 앞으로 어떻게 하고 싶은지를 알아내려는 것이다. 효과적인 RCI

의 일곱 가지 기본적인 특성인 FLAVERS를 〈표 5-6〉에 소개한다.

〈표 5-6〉 RCI의 일곱 가지 기본적인 특성(FLAVERS)

F(초점: focusing)	학생이 원하고 상호 합의한 도달하는 것에 초점 맞추기
L(경청: listening)	주의 깊게, 공감적으로, 그리고 반영적으로 경청하기
A(평가: assessing)	학생의 강점, 적응유연성, 사회적 관심을 평가하기
V(확인: validating)	학생의 성장을 격려하는 학생의 자원과 특성을 확인하기
E(사용: engaging)	사회적 삶의 아이러니에 가득한 유머 사용하기
R(대체: replacing)	수집한 정보를 적절한 명료화, 창의적인 직관, 상상력이 풍부한 공감, 확률적인 질문으로 대체하기
S(소크라테스식 대화: Socratic dialogue)	RCI 과정의 핵심 요소인 소크라테스식 대화법 (무엇을? 누가? 어디에서? 언제? 어떻게?)

　　교사는 학생의 관찰된 행동과 사적 논리를 연결시키는 탐색 과정을 통해 학생이 자신의 생활양식을 알아차리도록 돕는다. 아들러는 각 사람의 모든 행동과 말에서 생활양식의 가치가 분명하게 드러난다고 하였다. 그러므로 학생이 제공하는 정보에는 생활양식을 이해할 만한 단서가 담겨 있다. 교사는 학생이 자신의 생활양식을 이해하고 통찰하도록 돕기 위해 깨달음과 행동을 자극하는 질문을 사용해야 한다.

2) 초기기억

　　기억은 계시적 특성이 매우 강하다. 사람들은 과거의 기억을 통해 현재 자신을 둘러싸고 있는 주변 세계에 대한 자신만의 독창적인 의미나 한계를 보여 주고 있기 때문이다. 사람들에게 우연한 기억이란 없으며, 수많은 인상 중에서 어느 정도 자신의 상황과 관계가 있다고 느끼는 것만을 주관적으로 선택하여 기억한다. 따라서 초기기억을 알아보는 것은 학생이 자신과 다른 사람 그리고 세상을 바라보는 관점을 이해하는 좋은 방법이 될 수 있다(Clark, 2002).

초기기억은 학생의 마음을 알아차리고, 현재 학생이 하고 있는 행동에 대한 이해를 돕는 유용한 아들러 심리학의 기법이다. 초기기억은 매우 단순하지만 생활양식의 근원적인 면을 잘 보여 준다. 어린 시절부터 기억되고 있는 사건은 그 사람의 주된 관심과 매우 밀접하게 관련되었기 때문이다. 초기기억이 가장 처음 기억인지 아닌지, 사실인지 아닌지는 중요한 것이 아니다. 초기기억 속에 학생이 고유하게 가지고 있는 생각이나 관점이 드러나기 때문에 초기기억은 학생 마음 깊이 숨겨지고 알지 못했던 자원을 찾아내는 좋은 도구가 될 수 있다. 특히 자신의 마음을 언어로 표현하기 힘든 어린아이에게 있어서 초기기억 그림에 대한 상세한 정보와 해석은 언어보다 더 효과적인 자료가 된다. 초기기억 검사를 실시하는 방법은 〈표 5-7〉과 같다.

〈표 5-7〉 초기기억 검사 실시 방법

준비물	연필과 지우개, 몇 장의 종이(백색 A4)
지시문	"네가 어렸을 때 아주 오래전 시기로 되돌아가 보세요. 그리고 네가 기억할 수 있는 가장 어렸을 때 기억을 떠올려 보세요. 기억에서 가장 생생하게 떠오르는 장면을 그려 보세요." (그 장면에서 너의 느낌은 어떠한가요? 또는 네가 어떤 느낌을 가졌는지 기억이 나나요?)

절차적 지침	• 상담 과정에서 초기기억을 통합한다. • 수용적이고 지지적인 평가 분위기를 만든다. • 학생에게 구체적인 지시사항과 추후 질문을 한다. • 초기기억을 문자 그대로 받아쓴다. • 초기기억이 여덟 살 이전의 기억임을 확인한다. • 기억과 보고 사이의 차이를 확실히 한다. • 초기기억을 표현하기를 꺼리거나 할 수 없다고 말하는 학생을 격려한다. • 실제 초기기억과 만들어진 초기기억을 확실히 구분하여 활용한다. • 학대 경험이 이야기되었을 경우 사회적 도움을 받을 수 있는 절차를 따른다. • 종합적인 평가 과정의 맥락에서 초기기억을 활용한다.
주의점	사진에서 보았거나 다른 사람이 이야기해 준 일이 아닌 자신이 직접 기억하는 가장 어렸을 때의 생생한 장면을 그리게 한다. 그림을 그리기를 어려워하는 학생에게는 직접 이야기를 하게 하거나 퓨펫 인형으로 말하기, 글쓰기 등 여러 가지 다른 방법으로 변형할 수 있다.
검사 후 할 일	학생이 그림 그리기를 마치면, 언제 어디에서 누구와 함께 일어난 일인지, 무슨 일을 하고 있으며 그때 기분은 어떠한지, 만약 그 일을 바꿀 수 있다면 어떻게 바꾸고 싶은지 등에 대한 추가 질문을 한다.
일반적인 해석지침	• 학생이 능동적인가, 수동적인가? • 관찰자인가, 참여자인가? • 주고 있는가, 받고 있는가? • 전진하는가, 후퇴하는가? • 주위 환경과 관련하여 어떤 신체적 자세인가? • 혼자인가, 같이 있는가? • 사람, 사물 및 아이디어에 관심이 있는가? • 자신을 타인과 어떤 관계 속에 위치시키는가? 열등한가, 우월한가? • 어떤 정서를 활용하는가?

일반적인 해석지침	• 사건이나 결과에 대해 어떤 감정적 색조가 작용하는가? • 기술하는 내용이 구체적이며 색깔이 언급되는가? • 권위, 종속, 남자, 여자, 노인, 젊은이 등과 같은 고정관념이 드러나는가? • 주제와 전반적인 형태를 찾으라. • 가족 구도 정보에서 증거를 찾으라.

출처: Clark, A. J. (2002). *Early Recollections: Theory and practice in counseling and psychotherapy*. NY: Brunner-Routledge.

다음 사례는 교사가 학생의 초기기억 검사를 실시하고 이해하는데 도움이 될 것이다.

사례 1 네 살 때 일이다. 아침에 나는 어린이집 통학 차량에서 창밖을 내다보며 울고 있었다. 엄마와 아빠는 다른 부모님들과 함께 나에게 손을 흔들고 있었다. 나는 정말 가기 싫었고 버림받은 느낌이었다.

맞벌이를 하는 부모님은 밤늦게까지 일을 하셨기 때문에 이 학생은 학교에 자주 지각을 했다. 그럴 때마다 많이 울었던 2학년 남학생이다. 추가 질문을 통해 학생이 어렸을 때 시골 할머니에 의해 주로 양육되었고 부모님을 항상 그리워했으며, 혼자 남겨지는 것에 대한 두려움과 불안이 크다는 것을 알게 되었다.

사례 2 아홉 살 때 일이다. 버스를 타려고 서 있는데 나는 매우 커다랗고 무거운 상자를 들고 있었다. 엄마가 나에게 심부름을 시켜서 어디론가 가지고 가는 모습이다. 정말 무겁고 힘들었다.

학급에서 무슨 일이 있을 때마다 앞장서서 문제를 해결하는 6학년 여학생이다. 억울한 일을 당하거나 힘이 약한 친구를 보면 불의를 참지 못하는 성격의 소유자이다. 자신보다 더 크고 무거운 상자가 이 학생이 평소 다른 사람 대신 맡고 있는 책임의 무게가 아닐까 하는 추측을 해 보았다.

사례 3 여섯 살 때 일이다. 태권도 도장에서 야구를 하는 날이다. 관장님이 한 명씩 공을 던져 주셨는데, 드디어 내 차례가 되어 타석에서 멋지게 방망이를 휘둘렀다. 공은 잘 맞았고, 다른 친구들은 나를 응원해 주었다. 정말 기분이 좋고 뿌듯했다.

평소 자신감이 넘치며 친구들을 잘 사귀고 즐겁게 학교생활을 하는 5학년 남학생이다. 학교 행사나 교실 수업에 적극적이고 열정적으로 참여하며, 다른 사람의 주목과 인정을 받기 원하는 학생의 모습이 잘 나타났다.

교사는 학생에게 초기기억을 짧은 신문기사로 생각하고 제목을 붙여 보는 활동을 하게 할 수 있다. 그 이야기의 핵심을 신문기사의 제목으로 작성하게 한다. '인생은 ＿＿＿＿＿＿이다. 사람은 ＿＿＿＿＿＿이다. 나는 ＿＿＿＿＿＿.'와 같이 신문기사 제목을 붙여 보는 것은 초기기억 통찰에 도움이 된다(Yang, Milliren, & Blagen, 2010). 초기기억을 알아봄으로써 교사는 학생의 마음을 이해하여 다양한 문제를 해결하는 데 유용한 정보를 얻게 될 것이다. 한편, 초기기억은 생활양식을 평가하는 기법으로 사용되지만, 동기 수정을 위한 이미지 기법으로도 사용되기도 한다. 예를 들면, "초기기억을 변화시킬 수 있다면, 어떻게 바꾸고 싶습니까?"라고 질문하여 학생의 초기기억을 재구성할 수도 있다. 보다 타당하고 전문적인 해석을 위해 클락(Clark, 2002)의 『Early Recollectons: Theory and Practice in Counseling and Psychotherapy』를 번역한 박예진, 박상규(2017)의 『아들러 심리학에 기반을 둔 초기회상: 상담 이론 및 실제』라는 문헌을 참고하길 바란다.

3) 다양한 생활양식 측정 도구들

(1) BASIS-A(생활양식 척도)

생활양식 척도 중에서 가장 보편적으로 사용되는 것은 BASIS-A(Basic Adlerian Scales for interpersonal Success-A)이다. BASIS-A는 개인의 지각, 초기 아동기 경험에 대한 신념체계를 바탕으로 개인의 생활양식을 평가하기 위하여 개발된 도구이다. 컨, 휠러 등(Kern, Wheeler, & Curlette, 1997)이 개발하였고, 이후 우리나라 청소년을 대상으로 정경용과 김춘경(2010)이 타당화하였다. 〈표 5-8〉의 BASIS-A의 하위 요인은 소속-사회적 관심 갖기, 타인에게 맞춰 주기, 주도권 잡기, 인정 추구하기, 불안정성의 다섯 가지이다.

<표 5-8> BASIS-A 하위 요인

하위 요인	특성
소속-사회적 관심 갖기 (Belonging/Social Interest: BSI)	점수가 높을수록 대인 지향적이며 외향적인 성향을 가지고 있다. 집단에 소속감을 느끼고 융통성이 있으며 협력적이다.
타인에게 맞춰 주기 (Going Along: GA)	구조화하기를 좋아하고, 타인과의 갈등을 피하기 위하여 다른 사람에게 기꺼이 동의하며 자신에게 기대되는 것에 대해 관심을 가진다.
주도권 잡기 (Taking Charge: TC)	자기중심적이며 다른 사람을 통제하고 리더로 인정받기를 바란다. 자기중심적이며 지배적인 성향을 가지고 있다.
인정 추구하기 (Wanting Recognition: WR)	성공의 욕구가 강하며 다른 사람에게 존경받거나 인정받고 싶어 한다.
불안정성 (Being Cautious: BC)	매사에 지나치게 조심스럽고 환경과 타인의 반응에 민감하게 반응한다.

BASIS-A 생활양식 문항과 채점 등에 관한 보다 구체적인 내용은 정경용, 김춘경(2010)의 「생활양식척도(BASIS-A)의 타당화 연구」 논문을 참고하길 바란다.

(2) 월튼(Walton)의 간편 생활양식 면접

월튼(1996)은 자기 평가 방식의 간편 생활양식 면접 지침을 제공하였다. 월튼의 간편 생활양식 면접 방법은 〈표 5-9〉와 같이 모두 다섯 가지 질문으로 구성되어 있다.

① 다음 문장을 완성하세요.

나는 항상 _____아이였다.

② 당신이 어렸을 때, 너와 가장 달랐던 형제자매는 누구였나요? 어떻게 달랐나요?

(만약 외동이라면, 다음 질문을 한다.) 당신은 다른 아이들과 어떻게 달랐나요?

③ 당신이 어렸을 때, 어머니/아버지의 가장 긍정적인 면은 무엇이었나요?

어머니/아버지의 가장 부정적인 면은 무엇이었나요?

④ 잊을 수 없거나 가장 기억에 남은 장면을 떠올려보세요.

당신이 성장할 때, 인생에 대해 내린 결론이 무엇인지 떠올릴 수 있나요?

예) 나는 어른이 되면, 분명히 항상 _____하겠다.

　　　나는 내 가족이나 내 삶에서 이런 일이 결코 일어나지 않도록 하겠다.

⑤ 끝으로 두 가지 초기기억을 이야기해 주세요.

당신이 회상할 수 있는 특별한 초기기억은 무엇인가요?

(이를 자신의 정확한 단어를 사용하여 현재 시제로 기록하라.)

어떤 순간이 가장 생생하였나요? 사건과 연관된 감정은 무엇인가요?

출처: Walton, F. X. (1996). *Questions for brief life style analysis*. Paper presented at University of Texas Permian Basin Spring Counseling Workshop, TX: Odessa.

　　자기 평가로 월튼의 간편 생활양식 면접을 실시한 후, 학생은 자신에 대해 알게 된 점을 기록한다. 이때 교사는 학생의 감정과 반복되는 주제를 찾아야 한다. 예를 들면, 혼자 있는지 다른 사람과 함께 있는지, 적극적인지 수동적인지, 협력적인지 경쟁적인지, 그리고 집이나 학교에서 다른 사람들과의 관계 방식은 어떤지와 같은 것이다. 그리고 이러한 감정이 현재 삶에서 일어나는 일과 어떻게 관련되는지를 학생과 함께 탐색한다. 이후 교사는 〈표 5-10〉 소크라테스식 질문 기법을 활용하여 학생의 생활양식을 평가할 수 있다.

<표 5-10> 소크라테스식 질문 기법

① 지시사항 (시작하는 말)	우리가 함께 이야기하면서 선생님은 몇 가지 목록을 작성하려고 해요. 선생님은 네 자산과 강점, 잘하고 있는 것들에 대해 듣고 싶어요. 네가 겪고 있는 어떤 문제에 대해 이미 사용하고 있거나 사용할 수 있는 것들을 기록할 거예요. 아마도 학업, 가족, 친구들에 관한 것일 거예요. 그럼 지금부터 잠시 동안 이야기를 나누도록 할까요?
② 출생 순위	먼저, 출생 순위부터 알아볼게요. 형제자매는 몇 명인가요? 출생 순위는? 형제 간 경쟁은 어땠나요? 막내(첫째, 둘째, 중간, 외동)인 것에 대해 마음속에 떠오르는 것이 있나요? 그래서 출생 순위에 대한 네 결론은 무엇인가요?
③ 나는 어떤 아이였다	성장할 때, 특별한 별명이 있었나요? 또는 어떤 특별한 점으로 알려졌나요? 다음 문장을 완성해 보세요. 나는 .... 한 아이였다. 삶에서 이와 관련된 다른 예를 생각할 수 있나요?
④ 학교 경험	평일에 시간을 어떻게 사용하나요? 학교에 처음 다니기 시작한 몇 년을 떠올려 보세요. 유치원이나 1, 2학년 때 어땠었나요?
⑤ 다른 질문들	어떤 결정을 하게 한 중대한 사건을 떠올릴 수 있나요? 성장할 때, 너를 믿어 준 사람이 있었는지 궁금하네요. 그것이 너에게 어땠나요?
⑥ 네 가지 감정들	그때를 돌이켜 볼 때, 너는 화난, 슬픈, 기쁜, 두려운 또는 복합적인 감정이었나요? 이 모든 것을 받아들이면, 너는 화난, 슬픈, 기쁜, 두려운 또는 복합적인 감정을 느끼나요?
⑦ 강점 요약	오늘 대화에서 얻은 강점 목록을 가지고 요약해 봅시다. 네 목적에 대해 이야기해 보고, 이 모든 요소가 어떻게 너에게 도움이 될 수 있는지 알아봅시다. 감사합니다.

출처: Yang, J., Milliren, A., & Blagen, M. (2010). The psychology of courage: An Adlerian handbook for healthy social living, New York: Routledge.

(3) 성격우선순위

성격우선순위(personality priority)란 학생의 생활양식을 간편하게 알아보기 위한 방법으로, 각 사람이 소속감을 찾는 데 가장 중요한 것이 무엇인지를 알려 주는 동시에 가장 회피하고 싶은 것이 무엇인지를 알려 준다(Pew, 1976). 사람들이 살아가면서 선택한 우선순위가 그 사람을 지속적으로 고유하게 특징지어가고, 시간이 지남에 따라 그 사람의 생활양식으로 결정된다.

아들러는 고유한 생활양식을 형성하며 살아가는 사람들을 몇 가지 성격 유형으로 분류하기 어렵다고 하였다. 그럼에도 많은 사람에게 공통적인 바람, 경향, 동기와 같이 일반화된 삶의 적응 방식이 존재한다고 보았다(Schoenaker, 2011). 따라서 성격우선순위 검사는 학생의 독특성과 특수성을 무시하는 것이 아니라 학생을 좀 더 정확하게 이해하기 위한 전문적인 도구로 사용하는 것이 좋다(김난예, 김춘경, 2003). 학생의 성격우선순위를 알아봄으로써 교사는 학생이 직면한 어려움을 해결하도록 도울 수 있고, 예방 차원에서 학생이 긍정적으로 적응하고 발달하도록 이끌 수 있으며, 교사의 학급 운영의 효율성도 높일 수 있다.

우리나라에서는 기존 연구를 바탕으로 유리향과 오익수(2014)가 초등학생용 성격우선순위 척도를 개발하였다. 이 검사 도구는 편안함, 기쁘게 하기, 자기통제, 뛰어나기의 네 가지 하위 유형으로 구성되었다. 성격우선순위 유형별 특성은 〈표 5-11〉과 같다.

〈표 5-11〉 성격우선순위 유형별 특성

하위 유형	특성
편안함	스트레스를 만들지 않고자 하며 스트레스가 없는 환경에서 즐거울 때 소속감을 느끼는 유형
기쁘게 하기	타인에게 거부받는 것을 피하고자하며 수용적이며 지지적인 환경에서 소속감을 느끼는 유형
자기 통제	다른 사람에게 자신에 대해 나누어야 할 때 침착하고 감정을 숨김으로써 소속감을 느끼는 유형
뛰어나기	다른 사람보다 더 낫거나 옳고 유능하도록 노력하며, 주변 상황이나 사람들을 통제함으로써 소속감을 얻으려는 유형

성격우선순위 검사를 활용하여 학생은 먼저 자신의 성격우선순위를 이해할 수 있다. 뿐만 아니라 자신과 같은 유형으로 분류된 학급 친구들과 다른 유형으로 분류된 학급 친구들과의 공통점과 차이점을 탐색하는 집단 활동을 할 수도 있다. 이러한 활동을 통하여 학생들은 성격의 좋고 나쁨이 아니라 서로 차이가 있음을 알아차리고, 자신과 친구들을 객관적으로 이해하는 기회를 갖게 된다. 평소 다른 학생과 어울리기 힘들어하고 독특한 행동 반응으로 인해 친구들과의 관계 맺기에 낙담한 학생의 경우, 이러한 활동을 통해 자신이 잘못된 것이 아니라 단지 성향이 다를 뿐이라는 점을 인식하게 할 수도 있다.

〈표 5-12〉와 〈표 5-13〉에 성격우선순위 검사 24문항과 채점 방법을 제시하였다. 채점 결과에서 가장 높은 점수를 받은 하위 유형이 학생의 주된 성격우선순위 특성이 된다. 성격우선순위 검사는 학생 개개인을 세밀하고 정확하게 평가하기보다는 학생의 유사점과 차이

점을 손쉽게 파악할 수 있는 간편 도구로 활용하는 것이 좋다.

<표 5-12> 성격우선순위 검사

다음은 여러분의 성격 특성을 알아보고자 하는 검사입니다. 각 항목에 대해 여러분의 평소 모습과 얼마나 같은지를 생각해 보고, 해당하는 번호에 ○ 표를 해 주세요.

행동 목록	전혀 그렇지 않다	그렇지 않은 편이다	비교적 그렇다	항상 그렇다
1. 나는 스트레스 받는 것을 가장 싫어한다.	1	2	3	4
2. 나는 다른 사람의 부탁을 거절하기 힘들어 한다.	1	2	3	4
3. 나는 침착하고, 말이 적은 편이다.	1	2	3	4
4. 나는 다른 사람들보다 더 많은 성취를 했다.	1	2	3	4
5. 나는 다른 사람들과의 관계에서 어느 정도 거리를 두는 편이다.	1	2	3	4
6. 나는 다른 사람들이 내가 최고임을 알아주기를 바란다.	1	2	3	4
7. 나는 편안하고 여유로운 생활 방식을 좋아한다.	1	2	3	4
8. 나는 다른 사람에게 선물 주기를 좋아한다.	1	2	3	4
9. 나는 다른 사람보다 더 똑똑한 사람임을 보여주고 싶다.	1	2	3	4
10. 나는 편안하게 느껴지는 친구나 환경을 원한다.	1	2	3	4
11. 나는 내가 사랑하는 사람에게 화를 잘 내지 못한다.	1	2	3	4
12. 나는 부정적인 감정을 표현하기보다는 마음속에 담고 있는 편이다.	1	2	3	4
13. 나는 어떤 일을 성취하여 인정받고 싶다.	1	2	3	4

14. 나의 삶이 편안하고 평화롭기를 바란다.	1	2	3	4
15. 나는 다른 사람들을 즐겁게 해 주기 위해 노력한다.	1	2	3	4
16. 나는 다른 사람과 대화할 때 감정을 드러내지 않고 주로 듣는 편이다.	1	2	3	4
17. 나는 다른 사람보다 더 나은 사람이 되기 위해 노력한다.	1	2	3	4
18. 나는 편안하게 지내는 것을 가장 중요하게 생각한다.	1	2	3	4
19. 나는 다른 사람들을 돕는 것을 좋아한다.	1	2	3	4
20. 나는 내 감정과 기분을 거의 내보이지 않는다.	1	2	3	4
21. 나는 마음이 편안하고 싶다.	1	2	3	4
22. 나는 친구, 가족, 주변 사람들의 평화를 지키기 위해 애쓰는 사람이다.	1	2	3	4
23. 나는 다른 사람에게 나의 속마음을 쉽게 터놓지 않는다.	1	2	3	4
24. 나는 더 나은 내가 되기 위한 길을 찾는다.	1	2	3	4

출처: 유리향, 오익수(2014). 초등학생 성격우선순위 척도개발. 상담학연구, 15(2), 713-727.

〈표 5-13〉 성격우선순위 채점 방법

하위 유형	문항번호	문항수
편안함	1, 7, 10, 14, 18, 21	6
기쁘게 하기	2, 8, 11, 15, 19, 22	6
자기통제	3, 5, 12, 16, 20, 23	6
뛰어나기	4, 6, 9, 13, 17, 24	6

참고문헌

김난예, 김춘경(2003). 성격우선순위검사(K-PPS)의 타당화 연구. 상담학연구, 4(4), 615-629.

노안영, 강만철, 오익수, 김광운, 정민(2011). 개인심리학 상담 원리와 적용. 서울: 학지사.

신민섭(2003). 그림을 통한 아동의 진단과 이해: HTP와 KFD를 중심으로. 서울: 학지사.

유리향, 오익수(2014). 초등학생 성격우선순위 척도개발. 상담학연구, 15(2), 713-727.

정경용, 김춘경(2010). 생활양식척도(BASIS-A)의 타당화 연구. 청소년학연구, 17(12), 343-367.

Bitter, J. R., Sonstegard, M. A., & Pelonis, P. (2004). *Adlerian group counseling and therapy: Step-by-step.* New York: Brunner-Routledge.

Burns, R. C., & Kaufman, S. H. (1970). *Kinetic Family Drawings(K-F-D): An Introduction to Understanding Children Through Kinetic Drawing.* New York: Brunner/Mazel.

Burns, R. C., & Kaufman, S. H. (1972). *Actions, Styles, and Symbols in Kinetic Family Drawings(K-F-D): An Interpretative Manual.* New York: Brunner/ Mazel.

Clark, A. J. (2017). 아들러 심리학에 기반을 둔 초기 회상: 상담 이론 및 실제[*Early Recollections: Theory and practice in counseling and psychotherapy*] (박예진, 박상규 공역) 서울: 학지사 (원전은 2002 출판) NY: Brunner-Routledge.

Dinkmeyer, D., Jr., & Sperry, L. (2000). *Counseling and psychotherapy: An integrated, individual psychology approach* (3rd ed.). Upper Saddle

River, NJ: Merrill/Prentice Hall.

Kern, R. M., Wheeler, M. S., & Curlette, W. L. (1997). *Basis-A Inventory.* Highland, NC: TRT Associates.

Lundin, R. W. (1989). *Alfred Adler's basic concepts and implications.* Muncie, IN: Accelerated Development Inc.

Milliren, A., Yang, J., Wingett, W., & Boender, J. (2008). A place called home. *The Journal of Individual Psychology, 64*(1), 81-95.

Pew, W. (1976). *The number-one priority.* Paper presented at Munich, Germany: International Association of Individual Psychology.

Schoenaker, T. (2011). *Encouragement makes good things happen.* New York: Routledge.

Shulman, B. H. & Mosak, H. H. (1988). *Manual for life style assessment.* Muncie, In: Accelerated Development.

Sweeney, T. J. (1998). *Adlerian Counseling: A practitioner's approach* (4th ed.). Philadelphia, PA: Accelerated Development.

Walton, F. X. (1996). *Questions for brief life style analysis.* Paper presented at University of Texas Permian Basin Spring Counseling Workshop, TX: Odessa.

Yang, J., Milliren, A., & Blagen, M. (2010). *The psychology of courage: An Adlerian handbook for healthy social living.* New York: Routledge.

제6장　격려하기

"격려는 당신이 학생에게 줄 수 있는 가장 가치 있는 선물이다."

- Dinkmeyer, Mackay, & Dinkmeyer(2000) -

　당신의 골머리를 썩게 하는 한 학생이 있다고 하자. 당신은 그 학생에게 긍정적인 변화를 이끌어 내기 위해 갖가지 방법을 동원했지만 뜻대로 되지 않았다. 만약 당신이 아들러를 만나서 고민을 토로했다면 그는 무엇이라고 답했을까? 아마 "그 학생은 용기가 떨어져 있군요. 격려하고, 격려해 주세요. 충분히 격려하고 한 번 더 격려해 주시기 바랍니다."라고 말했을 것이다.

　격려는 아들러 심리학을 대표하는 개념 중 하나이다. 아들러 심리학은 격려를 인간의 성장을 돕는 가장 강력한 도구라고 본다. 이는 물론 학생들에게도 마찬가지이다. 아들러 심리학의 관점에서 격려는 학생의 성장에 필수적인 요소이다. 이는 "식물에게 햇빛과 물이 필요한 것처럼 아이들에게는 격려가 필요하다(Dreikurs, 1971)."는 드레이커스의 말에 고스란히 나타난다. 이 말에 따르면 교사에게 주어진 가장 중요한 일은 바로 학생을 끊임없이 격려하는 것이다.

1. 격려: 용기 불어넣기

격려(encouragement)는 영어 낱말에 그대로 드러나듯이 타인에게 '용기(courage)'를 불어넣어 주는 과정이다. 아들러 심리학이 격려의 필요성을 역설하는 이유는 바로 용기의 중요성 때문이다. 아들러 심리학은 '용기의 심리학(Yang, Milliren, & Blagen, 2009)'이라 불릴 만큼 용기의 중요성을 강조한다.

아들러 심리학에 따르면 개인의 성장에 필요한 근본적인 힘은 용기에서 나온다(Dreikurs, 1971). 용기는 심리사회적으로 건강한 삶을 영위하는 데 필수적인 핵심 동력이다. 용기의 부족은 개인으로 하여금 갖가지 문제를 초래한다. 오직 용기 있는 사람만이 자신의 문제에 당당히 맞서고 그것들을 효과적으로 다룰 힘이 있기 때문이다. 따라서 아들러 심리학에서는 개인의 모든 문제는 결국 용기의 결핍에서 비롯되는 것으로 본다(Dreikurs, 1967). 충분한 용기는 역경을 극복하는 데 힘이 되어 주는 "심리적 근육(Yang et al., 2009)"으로 기능한다.

용기의 중요성은 학생들에게도 예외는 아니다. 학생의 성장과 건전한 학교생활에도 용기는 필수적인 요소이다. 학생에게 용기가 있다는 것은 자신의 문제를 스스로 헤쳐 갈 수 있는 충분한 힘이 있음을 의미한다. 이에 반해 용기의 부족은 부적응적인 문제 행동으로 이어지게 마련이다. 학급에서 일어나는 학생의 문제 행동은 대부분 건설적으로 학급에 소속하려는 용기가 부족한 데서 비롯된다. 자신이 마주한 소속의 문제에 당당하게 맞설 용기가 없는 나머지 파괴적인 행동 방식을 선택한 것이다(Yang et al., 2009). 따라서 아들러 심리학의 관점에서 볼 때 학생이 가진 용기 수준에 주의를 기울이고 충분한 용기를 유지하도록 도움을 주는 것은 교사에게 주어진 매우 중요한 임무 가운데 하나이다. 정리하면 아들러 심리학의 관점에서 학생의 문제 행동은 곧 용기의 결핍을 의미한다. 이 학생에게는 용기를 채워 주려는 교사의 노력, 즉 끊임없는 격려가 필요하다.

2. 낙담: 용기의 결핍

1) 격려와 낙담

[그림 6-1]을 살펴보자. 격려만큼 중요한 일이 또 하나 있다. 그것은 바로 학생을 낙담시키지 않는 것이다. 격려가 '용기를 불어넣는 것(encourage)'이라면 낙담시키는 것은 '용기를 꺾는 것(discourage)'을 의미한다. 안타깝게도 용기를 꺾는 것은 용기를 북돋아 주는 것보다 훨씬 쉽다. 때로는 교사가 무심코 한 언행에 의해서도 학생의 용기가 힘없이 꺾여 버리곤 한다. 한 번 꺾인 용기를 회복시키는 것은 생각보다 쉬운 일이 아니다. 따라서 격려 못지않게 학생을 낙담시키지 않으려는 노력도 교사에게 매우 중요하다. 기억하라. 아들러 심리학의 관점에서 보았을 때 용기의 결핍, 즉 낙담은 곧 학생에

게 심각한 문제 상태를 의미한다. "문제 행동을 하는 아이는 낙담한 아이(Dreikurs & Soltz, 1964)"라는 드레이커스의 말처럼 말이다. 낙담은 곧 부적응으로 이어지게 마련이다. 낙담시키는 것만 잘 피해도 격려의 절반은 성공한 것이다(Yang et al., 2009).

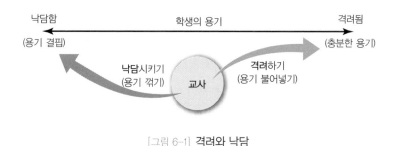

[그림 6-1] 격려와 낙담

2) 실수에 초점을 두는 학교 시스템: 낙담한 학생들

안타깝게도 우리의 학교는 아직까지 용기를 북돋아 주는 것보다 용기를 꺾는 것에 더 익숙한 것 같다. 대다수의 학생은 스스로 충분히 유능하다고 느끼며 처음 학교에 들어선다. 그러나 학교생활을 거듭할수록 그러한 감정은 점점 사그라든다(Dinkmeyer & Carlson, 2006). 용기가 점점 꺾여 가는 것이다.

그 원인의 상당 부분은 학교의 문화에서 찾을 수 있다. 우리의 학교에는 여전히 학생의 부족한 점을 지적하는 문화가 깊이 뿌리내리고 있다. 이는 잘못을 깨우쳐 주는 것이 학생의 성장을 이끄는 첫걸음이라는 인식에 근거한다. 물론 온전히 틀린 말은 아니다. 잘못에 대한 교사의 지적은 학생이 그것을 깨닫고 교정하게 하는 데 중요한 도움이 될 수 있다. 그러나 학생의 처지를 고려하지 않는 무분별한 지적에는 상당한 대가가 따른다. 그 대가란 바로 학생의 용기이다. 잘못에 대한 교사의 지적이 이어질 때마다 학생의 용기는 조금씩 깎이고 잘려 나간다. 어느 순간 그 학생은 실수에 대한 두려움으로 잔뜩 움츠러든다. 낙담한 것이다. 낙담한 학생에게는 어떻게 해서든지 실수를 줄여 교사의 지적을 피하는 것이 급선무가 된다. 학생의 성장 동기는 자연스럽게 뒷전으로 밀려난다.

약점을 지적하는 학교 분위기가 유지되는 중요한 원인 가운데 하나는 모든 학생에게 획일화된 성취 기준이 적용되는 교육 시스템에 있다(Dinkmeyer & Carlson, 2006). 이러한 시스템에서는 모든 학생을 정해진 성취 기준에 도달시키는 것이 교사의 중요한 책무가 된다. 학생에 대한 평가는 자연스럽게 성취 기준의 도달에 초점이 맞추어진다. 학생이 성취 기준을 충족시키지 못하는 것은 교사에게 중대한 문제로 다가온다. 이러한 상황에서는 학생의 강점보다 성취 기준에 미흡한 점이 교사에게 더 신경이 쓰이게 마련이다. 교사는 학생들을 위해(?) 학생들의 실수와 부족한 점을 지적하는 데 많은 시간을 들인다. 학생들의 강점을 알아보려는 노력은 자연스럽게 뒷전으로 밀려난다.

실수나 약점에 대한 부정적인 평가는 학생을 격려할 여지를 거의 남기지 않는다(Dreikurs, 1971). 그것은 그 학생이 성취 기준에 못 미친다는 것을 확인시켜 줄 뿐이다. 이에 학생들은 쉽게 낙담할 것이다. 성장의 용기는 실수나 약점이 아닌 강점을 바탕으로 일어난다는 것을 명심할 필요가 있다(Dreikurs, 1971).

3) 낙담시키는 교사

(1) 낙담시키는 교사 vs 격려하는 교사

학생을 낙담시키지 않기 위해서는 먼저 낙담시키는 교사의 특성을 알 필요가 있다. 특히 격려하는 교사와 비교하여 그 특성을 살펴보았을 때 이해에 더 도움이 될 것이다. 〈표 6-1〉에 낙담시키는 교사와 격려하는 교사의 특성을 대략 비교해 놓았으니 참고하기 바란다. 〈표 6-1〉에 나타난 바와 같이 낙담시키는 교사는 학생의 말을 잘 경청하지 않고 학생의 감정에 무관심하다. 반면 격려하는 교사는 학생의 말에 귀를 기울이고 학생의 감정을 헤아리려 노력한다. 그리고 격려하는 교사는 긍정적인 것에 초점을 두는 데 반해 낙담시키는 교사는 학생의 실수나 부족한 점을 지적하는 데 익숙하다. 또한 낙담시키는 교사는 학생이 문제 행동을 보였을 때 그 행동을 비꼬거나 학생을 위협하여 굴욕감을 안긴다. 반면, 격려하는 교사는 학생의 존재 자체에 가치를 두므로 학생을 무조건 수용하고 긍정적인 자극을 주려고 노력한다. 한편, 낙담시키는 교사는 평가적인 태도로 자신의 기준에서 잘한 일만을 인정하지만, 격려하는 교사는 평가자 입장이 아닌 학생과 동등한 위치에서 학생의 노력과 향상을 인정해 준다. 마지막으로 격려하는 교사는 학생들 간의 협력을 강조하는 데 반해, 낙담시키는 교사는 서로 간의 경쟁을 강조하고 서로 비교한다.

〈표 6-1〉 낙담시키는 교사와 격려하는 교사의 특성 비교

낙담시키는 교사	격려하는 교사
• 비효과적으로 듣기	• 효과적인 경청
• 부정적인 것들에 초점을 둠	• 긍정적인 것들에 초점을 둠
• 경쟁하기, 비교하기	• 협력하기
• 위협하기	• 수용하기
• 비꼬기, 난처하게 하기	• 유머와 희망을 사용함
• 굴욕감 주기	• 자극 주기
• 잘한 일만 인정하기	• 노력과 향상 인정하기
• 학생의 감정에 무관심함	• 학생의 감정에 관심을 가짐
• 성과에 가치 두기	• 존재 자체에 가치 두기

출처: Dinkmeyer, D., & Losoncy, L. (1996). *Skills of encouragement: Bringing out the best in yourself and others*. Boca Raton, FL: St. Lucie Press.

(2) 낙담을 초래하는 교사의 반응

격려와 낙담은 대개 학생의 행동에 대한 교사의 반응을 통해 일어난다. 학생의 행동에 교사가 어떻게 반응하느냐에 따라 학생은 용기를 얻을 수도 있고, 낙담할 수도 있다. 낙담은 교사의 의도와 전혀 상관없이 일어나기도 한다. 학생의 행동에 무심코 보인 교사의 반응이 낙담의 주원인이 될 수 있다는 것이다. 심지어는 학생을 위한 정성 어린 조언이 낙담을 낳기도 한다.

낙담을 초래하는 교사의 반응은 〈표 6-2〉에 나타난 것처럼 총사령관, 윤리학자, 판사, 비평가, 심리학자의 다섯 가지 유형으로 정리될 수 있다. 이 유형의 반응은 교사들 사이에서 심심치 않게 나타난다. 교사의 의도와 상관없이 이러한 반응은 학생들을 쉽게 낙담시

킨다. 예컨대 "너는 친구들에게 인기를 얻기 위한 수단으로 수업 시간에 자꾸 웃기는 행동을 하고 있는 거야. 그 행동은 수업에 분명히 방해가 돼. 다른 친구들에게 피해를 준다고. 너 자신을 위해서도 그 행동을 고쳐야 해. 다 너를 위해서 하는 말이니 선생님 말을 꼭 들어야 한다."라고 교사가 반응했다고 하자. 이는 심리학자와 윤리학자의 유형에 해당하는 반응이라 할 수 있다. 교사가 아무리 좋은 의도로 말했다고 할지라도 이런 식의 반응에 학생들은 좀처럼 용기를 내어 자신의 행동을 고치려 하지 않는다. 아마 그 학생은 교사에게 저항하거나 아니면 크게 낙담할 가능성이 크다.

〈표 6-2〉 학생의 낙담을 초래하는 교사의 반응 유형

유형	특징
총사령관	• 학생을 통제하기 위해 명령하고 위협한다. • 학생과의 관계는 수평적이지 않고 수직적이며 힘에 기초한다.
윤리학자	• 최선의 방법에 대해 설교한다. • "~해야 한다."는 표현을 자주 쓴다. • 학생을 자주 의심하고 수치심과 죄책감을 이끌어 낸다.
판사	• 사실 여부에 대한 충분한 조사와 증거가 없이도 학생의 잘못을 단정한다. • 항상 학생들은 그르고 자신은 옳다.
비평가	• 비웃고 빈정대면서 학생들을 낙담시킨다. • 학생들보다 우위에 서 있다는 것을 즐긴다.
심리학자	• 학생의 의도를 설명할 수 있다는 믿음을 바탕으로 분석하고 진단하고 질문한다. 이에 학생들은 무력감과 위협을 느낀다.

출처: Dinkmeyer, D., & Losoncy, L. (1996). *Skills of encouragement: Bringing out the best in yourself and others.* Boca Raton, FL: St. Lucie Press.

학생을 낙담시키는 다섯 가지 반응 유형의 공통점은 권위적인 태도를 바탕으로 하고 있다는 점이다. 이 유형의 교사는 권위자의 입장에서 자신보다 열등한 위치에 있는 학생을 통제하려 한다. 그 과정에서 교사는 자신의 평가 기준에 따라 학생의 잘못, 실수, 부족한 점을 지적하며 고치라고 요구한다. 아들러 심리학의 관점에서 권위에 의존하는 교사는 학생을 성장의 길로 이끌 수 없다. 권위적 태도로는 학생의 성장에 필수적인 용기를 심어 주기가 매우 어렵기 때문이다. 권위적인 교사의 반응은 교사의 의도와 상관없이 학생들의 용기를 조금씩 꺾으며 학생들을 낙담 상태로 이끈다. 따라서 학생을 낙담시키지 않기 위한 첫 단추는 권위적인 태도를 내려놓는 것이 되어야 한다. 권위적인 태도보다는 사회적 평등을 기반으로 한 상호 존중의 자세로 학생에게 다가섰을 때 교사는 학생에게 더욱 효과적으로 용기를 불어넣어 줄 수 있다. 교사와 학생 간의 사회적 평등이 전제되어야 진정한 격려가 이루어질 수 있다.

3. 칭찬과 격려

잘못을 지적하는 교실 문화는 학생들의 성장 동기에 부정적인 영향을 끼칠 수 있음을 앞서 언급했다. 이와 같은 인식이 교사들 사이에서 널리 퍼지고 있는 것은 참으로 다행스러운 일이다. 이러한 분위기에서 잘못을 지적하는 대신 학생의 성장을 이끌기 위한 수단으로 권장되는 것이 바로 '칭찬'이다. "칭찬은 고래도 춤추게 한다."는 말이 관용적으로 쓰일 만큼 칭찬의 중요성이 강조되고 있다. 학생을 자주 칭찬해 주는 것은 이제 교사가 갖추어야 할 중요한 미덕으로 받아들여지고 있는 듯하다.

그러나 아들러 심리학은 칭찬이 심각한 부작용을 낳을 수 있음을 경고한다. 물론 칭찬의 긍정적인 효과를 완전히 부정하는 것은 아니다. 아들러 심리학도 칭찬이 학생의 동기유발에 도움이 될 때가 있음을 인정한다. 하지만 아들러 심리학은 칭찬으로 인해 오히려 학생의 용기와 성장 동기가 위축될 수 있음을 우려한다. 바로 칭찬에 담긴 '평가적 속성' 때문에 그렇다. 일단 다음 인용문(Kishimi & Koga, 2014)을 살펴보자. 아들러 심리학의 대중화에 크게 기여한 『미움받을 용기』에 나오는 대목이다.

칭찬한다는 행위에는 '능력이 있는 사람이 능력이 없는 사람에게 내리는 평가'라는 측면이 포함되어 있지(p. 226).

누군가의 칭찬을 받고 싶다고 바라는 것. 아니면 반대로 다른 사람을 칭찬하는 것. 이는 인간관계를 '수직 관계'로 바라본다는 증거일세. 자네가 칭찬받기를 원하는 것은 수직 관계에 익숙해졌기 때문일세. 아들러 심리학에서는 온갖 '수직 관계'를 반대하고 모든 인간관계를 '수평 관계'로 만들자고 주장하네. 어떤 의미에서는 이것이 아들러 심리학의 근본 원리라고 할 수 있지(pp. 227-228).

위에서 지적한 것처럼 칭찬은 "능력이 있는 사람이 능력이 없는 사람에게 내리는 평가"의 속성을 지닌다. 이것은 칭찬이 기본적으로 우열에 기초한 수직적인 인간관계 안에서 이루어짐을 의미한다. 이는 아들러 심리학의 관점에서 보았을 때 상당히 심각한 문제이다. 아들러 심리학은 공동체와 그에 속한 개인의 성장이 사회적으로 평등한 인간관계에서 싹틀 수 있다고 보기 때문이다. 즉, 아들러 심리학의 관점에서 수직 관계에 바탕을 둔 칭찬은 개인과 공동체의 성장을 저해하는 요소가 될 수 있다.

학생에 대한 교사의 칭찬도 수직적 인간관계를 바탕으로 하는 것은 물론이다. 칭찬은 학생이 교사보다 열등하다는 것을 전제로 이루어진다. 칭찬은 자신보다 열등한 위치에 있는 학생에게 교사가 내리는 평가이다. 칭찬할 때 자주 쓰이는 말인 "좋아." "잘했어." "훌륭해." 등을 예로 들어 보자. 여기서 좋거나 잘했다는 것은 교사의 마음에 설정된 평가 기준에 부합했음을 의미한다. 잘했는지의 여부는 전적으로 교사의 판단에 달려 있다.

칭찬의 가장 큰 부작용은 학생으로 하여금 있는 그대로의 자신을 받아들이는 것을 방해한다는 것이다. 있는 그대로의 자신을 받아들이는 것, 다시 말해 자기 수용은 자존감의 근원이자 성장의 발단이 되는 매우 중요한 요인이다. 평가적 속성을 지닌 칭찬은 '너는 잘 할 때만 가치가 있다.'라는 메시지를 미묘하게 전달한다(Dinkmeyer et al., 2000). 칭찬에 민감한 학생은 칭찬을 받을 때만 스스로 가치 있다고 여기게 되어, 칭찬을 받지 못했을 때는 자신의 가치가 보잘 것 없음을 느낀다. 칭찬에 따라 자신의 가치가 좌우됨을 느낌으로써 있는 그대로의 자신의 모습을 온전히 수용하지 못하는 것이다.

학생의 내재적 동기를 가로막는 것도 칭찬의 중요한 부작용 가운데 하나이다. 칭찬에 길들여진 학생은 교사의 기대에 부응하여 교사에게 칭찬을 받는 것이 급선무가 된다. 스스로의 강점과 발전을 발견하고 그에 따른 긍정적 정서를 경험하는 것은 자연스럽게 뒷전으로 밀려나 버린다. 교사의 칭찬에 민감한 나머지 자신 안에 내재된 강점과 발전을 살피는 데는 소홀해지는 것이다. 교사의 칭찬이 학생에게 외적인 동기유발 요인으로 작용한다면, 자신의 강점과 발전을 알아차리고 그로부터 긍정적 감정을 느끼는 것은 내적 동기화를 촉진하는 요인이 된다. 외재적 동기보다 내재적 동기가 장기적인 성장에 훨씬 더 강력한 힘을 발휘하는 것은 모두 잘 알고 있을 것이다. 즉, 외적 동기유발 수단으로서의 칭찬은 내재적 동기화를 저해하여 근본적인 성장 동기를 가로막는 부작용을 초래할 수 있다.

이 밖에도 평가적 성격의 칭찬은 학생의 동기유발을 위한 도구로 쓰이기에 여러 면에서 한계가 있다. 먼저 칭찬은 사용될 수 있는 상황이 상당히 제한적이다. 교사의 평가 기준에 부합해야 칭찬이 일어날 수 있기 때문이다. 이러한 한계는 "칭찬을 해 주려고 해도 도대체 칭찬할 게 있어야 말이지."라는 말에서 잘 드러난다. 칭찬은 대개 결과 중심으로 이루어진다는 것도 또 다른 한계로 지적될 수 있다. 결과에만 초점을 둘 경우 학생의 노력과 향상이 간과되기 쉽다. 또한 칭찬은 특정 학생에게만 집중되어 학급 안에서 위화감을 조성할 위험성을 안고 있다. 이렇게 조성된 위화감은 학급 안에서 협력적인 분위기를 해치고 경쟁적인 분위기를 조장할 가능성이 크다.

아들러 심리학에서는 칭찬 대신 격려를 사용할 것을 강력하게 권장한다. 격려는 칭찬이 지닌 문제점을 적절히 보완한다. 격려는 학생과 인격적으로 동등한 위치에서 이루어지므로 칭찬과 같은 평가적 태도를 지양한다. 또한 격려는 결과보다는 과정에 초점을 두며 학생의 노력과 향상을 강조한다. 따라서 칭찬보다 훨씬 더 다양한 상황에서 폭넓게 사용될 수 있다. 달리기를 예로 들면 칭찬은 달리기가 끝난 다음에 우수한 성적을 나타낸 사람들을 대상으로 이루어지는 시상이라 할 수 있다(Dinkmeyer & Carlson, 2006). 격려는 달리기가 끝난 다음뿐만 아니라 달리는 도중과 달리기 전에도 얼마든지 일어날 수 있다. 또한 달리기 성적과 상관없이 누구에게나 보내질 수 있다는 점에서 칭찬과 다르다. 한편 격려는 구성원 간의 협력과 공동체에 대한 기여를 강조하기 때문에 집단 안에서 협력적인 분위기를 이끄는 데 도움이 된다.

〈표 6-3〉은 칭찬과 격려의 특성을 비교하여 나타낸 것이다. 칭찬과 격려의 본질적인 차이를 이해하는 데 도움이 될 것이다. 아울러 〈표 6-4〉에는 칭찬하는 말과 격려하는 말이 비교되어 있으니 참고하기 바란다.

〈표 6-3〉 칭찬과 격려의 특성 비교

칭찬	격려
• 라이벌 의식과 경쟁을 자극함	• 협동과 공동체에 대한 공헌을 자극함
• 수행의 질에 초점을 둠	• 노력과 기쁨의 양에 초점을 둠
• 평가적이고 판단적임. 상대방은 판단 받는 느낌이 듦	• 사람이나 행동에 대한 평가가 거의 없음. 상대방은 수용받는 느낌이 듦

• 남에게 폐가 되는 이기심을 조장함	• 남에게 해가 되지 않는 자기 관심을 촉진함
• 사람에 대한 전반적인 평가를 강조함 "넌 남들보다 낫다."	• 구체적인 공헌을 강조함 "네가 이러한 방식으로 도움이 되었구나."
• 포기하게 함	• 도전하게 함
• 실패에 대한 두려움을 조장함	• 불완전함의 수용을 촉진함
• 남에게 의존하게 함	• 자립심을 키워 줌

출처: Dreikurs, R., Grunwald, B. B., & Pepper, F. C. (1998). *Maintaining sanity in the classroom: Classroom management techniques* (2nd ed.). Philadelphia, PA: Accelerated Development.

〈표 6-4〉 칭찬하는 말과 격려하는 말

칭찬	격려
• 넌 내가 가르쳤던 학생 중 최고야.	• 넌 참 좋은 학생이야. 어떤 교사든 너와 함께하는 것을 감사하고 즐거워할 거야.
• 넌 항상 시간을 잘 지키는구나.	• 네가 시간을 지키기 위해 노력하는 것이 보여.
• 이번 시험은 네가 우리 반에서 1등이구나.	• 이번 시험을 위해 열심히 했구나.
• 네가 정말 자랑스럽다.	• 배움을 진정으로 즐기는 것 같네.
• 너는 지금까지 본 학생 중 최고로 도움이 되는 아이구나.	• 네가 책장 정리를 해서 교실이 정돈된 느낌이야.
• 네 미술 작품이 정말 자랑스러워.	• 미술을 즐기는 모습이 보기 좋네.

출처: Taylor, J. F. (1979). *Encouragement vs. Praise.* Unpublished manuscript presented at a workshop in Portland, Oregon.

4. 격려의 방법

격려는 말 몇 마디만으로 쉽게 일어나는 것이 아니다. 격려란 단편적인 노력이 아닌 교사의 일관된 태도와 지속적인 노력들로 이루어지는 일련의 과정이다(Carlson, Watts, & Maniacci, 2006; Dinkmeyer & Carlson, 2006). 따라서 단편적인 격려 기술이나 언어 표현을 사용하기에 앞서 격려를 전달하는 기본적인 방법을 충분히 이해하는 것이 매우 중요하다. 여기에서는 학생을 격려하는 데 기본이 되는 여섯 가지 방법을 제시하고자 한다.

1) 학생을 있는 그대로 수용하기

인간 중심 상담의 창시자인 로저스(Carl R. Rogers, 1902~1987)는 다음과 같은 말을 남겼다. "흥미로운 역설은 나 자신을 있는 그대로 수용할 때, 내가 변화할 수 있다는 것이다(Rogers, 1961)." 이는 있는 그대로의 자신을 받아들일 때 비로소 성장이 시작될 수 있음을 의미한다. 자신을 있는 그대로 받아들이는 것, 즉 자기 수용은 성장을 향해 내딛는 중요한 첫걸음이다. 격려의 목적은 학생이 스스로의 힘으로 성장의 발걸음을 내딛도록 용기를 북돋아 주는 데 있다. 따라서 격려는 학생이 있는 그대로의 자신을 수용하도록 돕는 것에서부터 시작되어야 한다.

학생이 스스로를 수용할 수 있도록 돕는 효과적인 방법은 교사가 학생을 있는 그대로 수용하는 태도를 보여 주는 것이다. 있는 그대로의 자신의 모습이 교사에게 수용되는 경험은 학생 스스로에게 자기 수용을 촉진하는 소중한 밑거름이 된다. 또한 존재 자체만으로도 자신이 가치 있는 사람으로 인정받을 수 있음을 깨닫도록 돕는다. 이러한 경험은 학생의 자존감을 끌어올리고 성장의 용기를 북돋는 데 커다란 힘을 발휘한다. 이와 같은 맥락에서 교사가 학생을 있는 그대로 수용하는 것은 격려의 과정에서 필수적인 태도로 간주된다(Dinkmeyer & Dreikurs, 1963). 격려는 "있는 그대로의 모습만으로도 그 학생은 충분히 좋다(Dreikurs, 1971)"는 교사의 믿음에서부터 시작된다.

학생이 교사로부터 수용되고 있음을 느끼게 해 주는 강력한 도구 가운데 하나가 바로 '경청하기'이다. 경청할 때 교사는 있는 그대로의 학생을 존중하고 그를 이해하려고 노력한다. 이것은 격려 과정의 시작이다(Dinkmeyer & Losoncy, 1996). 학생은 교사가 자신의 말에 온전히 귀 기울이고 있다고 인식할 때 교사로부터 깊이 수용되고 존중받음을 느낀다. 수용, 존중, 이해의 분위기가 형성되지 않으면 격려가 진행될 가능성이 거의 없다. 경청은 말의 내용뿐만 아니라 학생의 감정과 비언어적인 신호에까지 주의를 기울이는 것을 포함한다. 한편 교사는 눈 맞춤이나 고개 끄덕이기 등을 통해 학생에게 경청하고 있음을 전달할 수 있다. 또한 대화 사이사이에 학생의 말이나 감정을 언어적으로 반영해 주는 것도 경청하고 있음을 보여 주는 효과적인 방법이다.

학생을 있는 그대로 수용하는 데 도움이 되는 또 다른 격려 기술은 행위자와 행위를 구별하여 학생을 대하는 것이다(Dreikurs,

Cassel, & Ferguson, 2004). 이는 학생의 행동에 대해서는 다양한 피드백을 전달하되 학생 자체에 대해서는 어떠한 상황에서건 변함없는 수용의 자세를 유지하는 것을 의미한다. 예컨대 미술 시간에 물통을 엎지른 학생에게 "넌 정말 실수투성이구나. 다른 사람에게 피해를 주고 있어."라고 말하는 것은 행위자와 행위가 명확히 구분된 반응이 아니다. 이러한 반응에 학생은 쉽게 낙담한다. 반면 "물을 엎질렀구나. 옷이 젖지는 않았니?"라고 말하는 것은 학생의 행동을 기술하면서도 학생을 수용하고 존중하는 마음을 동시에 전달한다. 이를 통해 학생은 비록 실수를 저질렀다고 할지라도 학생 자신의 인간적인 가치에는 변함이 없음을 인식하게 된다.

2) 학생의 능력 신뢰하기

앞에서도 말했듯이 학생이 스스로의 힘으로 성장할 수 있도록 용기를 북돋아 주는 것은 격려의 중요한 목적 가운데 하나이다. 학생이 자신의 힘으로 성장하기 위해서는 자신의 능력에 대한 확신이 뒷받침되어야 한다. 자신의 능력을 믿지 못한다면 그 힘은 충분히 발휘될 수 없기 때문이다(Dreikurs, 1971). 학생이 자신의 능력을 믿을 수 있도록 돕기 위해서는 무엇보다도 교사가 학생의 능력에 대해 신뢰하고 있음을 보여 주는 것이 중요하다. 다음 예문이 좋은 본보기가 될 수 있다(Dinkmeyer & Carlson, 2006).

- "너는 해낼 거야."
- "나는 너의 의사결정 능력을 믿어."

- "너는 그것을 완수할 수 있을 거야."
- "와, 이건 만만치 않겠는데. 하지만 나는 네가 그것을 해내리라고 믿어."
- "너라면 충분히 잘 해낼 수 있어."

여기서 주의할 점은 단순히 "넌 해낼 거야." "너의 능력을 믿어."와 같이 말해 주는 것만으로는 큰 효과를 나타내기 어려울 수 있다는 것이다(Dreikurs et al., 1998). 이보다는 학생의 강점이나 성취 경험을 근거로 구체적인 메시지를 전달하는 것이 훨씬 효과적이다. 예컨대 "저번에 분수의 곱셈 문제도 결국 다 풀었잖아. 저번처럼 끈기를 가지고 노력한다면 분수의 나눗셈도 충분히 해내리라고 믿어." 처럼 말이다.

교사와 학생이 함께 구체적인 강점을 찾아보는 것은 그 학생이 자신의 능력을 신뢰하도록 돕는 데 매우 효과적인 방법이다. 학급 전체 학생들이 함께 강점을 찾아 전달해 준다면 그 효과는 더욱 커질 수 있을 것이다. 학급 안에서 '강점 롤링 페이퍼'와 같은 활동을 해 보는 것도 유익한 방법이다. 서로의 강점을 찾아 주는 과정을 통해 서로 격려하는 학급 분위기를 촉진할 수 있다.

만약 학생의 강점을 발견하는 데 어려움을 느낀다면, 부정적으로 여겨지는 학생의 특성 속에서 숨겨진 보석을 찾으려는 노력이 필요하다(Dinkmeyer & Losoncy, 1996). 이는 관점을 비틀어 봄 (reframing)으로써 충분히 가능하다. 예컨대 수다스러운 모습에서 사교성이라는 강점을 발견하는 것이다. 〈표 6-5〉에 몇 가지 예가 더 제시되어 있다. 이를 통해 학생들은 부정적이라고 여겨 왔던 자신의 특성이 중요한 강점으로 사용될 수 있음을 깨닫는다. 이러한 경험은 학생들에게 의미 있는 격려로 다가올 것이다.

〈표 6-5〉 부정적인 특성에서 강점 발견하기

부정적인 특성	강점
고집 센 ⟹	끈기 있는, 결단력 있는
수다스러운 ⟹	유용한 정보를 주는, 친절한
대장 행세를 하는 ⟹	책임감 있는, 주도하는
참견 잘 하는 ⟹	탐구적인, 관심이 있는
사회적으로 공격적인 ⟹	함께하면 재미있는

출처: Dinkmeyer, D., & Losoncy, L. (1996). *Skills of encouragement: Bringing out the best in yourself and others.* Boca Raton, FL: St. Lucie Press.

3) 결과보다는 과정 중심으로 바라보기

우리 학교에는 아직까지 결과 중심의 평가 문화가 깊이 뿌리내려 있다. 이는 많은 학생을 실패 경험으로 내몬다. 결과에만 초점을 둘 경우, 요구되는 기준에 도달하지 못했을 때 그것은 결국 실패로 인식될 수밖에 없기 때문이다. 모든 학생이 그 기준에 도달하면 좋겠지만 현실적으로 그렇지 못할 때가 너무도 많다. 이러한 학교 문화 속에서 많은 학생은 성취보다는 실패를 경험하는 데 익숙해진다. 이는 학생의 용기를 잠식하여 새로운 도전에 위축되게 만든다. 이것은 학생의 성장에 커다란 걸림돌이 될 수 있음은 물론이다.

실패로 인한 좌절이 용기의 장애물이라면 성취 경험은 용기의 지렛대이다. 과거에 성취 경험을 맛본 사람은 그렇지 못한 사람보다 훨씬 큰 용기를 가지고 도전에 나선다. 전에도 했으니 다음에도 충분히 해낼 수 있으리라는 믿음에서다. 이처럼 과거의 성취 경험은 자신이 직면한 문제에 당당히 맞설 용기의 든든한 기반이 된다. 따라서 학생들이 성취를 경험할 기회를 제공해주는 것은 효과적인 격려 방법이 될 수 있다(Dreikurs et al., 1998; Sweeney, 2009).

성취 경험을 늘릴 좋은 방법은 결과보다는 과정 중심으로 학생을 바라보는 것이다. 그리고 그 과정 속에서 학생이 쏟은 노력과 향상된 점을 찾아주는 것이다. 과정의 관점에서 노력과 향상에 초점을 두는 것은 학생을 실패로 내몰지 않는다. 그 대신 수많은 성취 경험을 학생들이 맛볼 수 있도록 돕는다. 목표에 도달하는 과정에서 발견되는 수많은 노력과 작은 발전이 모두 성취로 여겨질 수 있기 때문이다. 결과 중심의 평가에서는 무심코 지나쳐 버렸을 수많은 긍정적 요소가 과정 중심의 관점에서는 하나하나가 재조명받으며 성취 경험으로 부각될 수 있다. 다음의 사례를 살펴보자.

수업 시간에 교사가 세민이에게 발표를 요청했다. 세민이는 힘없이 자리에 일어나 엉뚱한 내용으로 발표를 했다. 그것도 들릴 듯 말 듯한 목소리로 말이다. 세민이의 발표는 교사가 제시한 발표 태도에 여러모로 어긋나는 것이었다. 그러나 예전의 세민이 모습을 생각한다면 이것은 상당한 발전이었다. 지난달만 해도 세민이는 교사가 수업 시간에 질문을 던져도 자리에 그대로 앉아 고개를 푹 숙인 채 아무런 말도 하지 않았기 때문이다.

세민이의 발표는 결과적으로 보았을 때 실패에 가깝다. 만약 교사가 "목소리가 작아서 잘 안 들리는구나. 발표 내용도 다시 한 번 생각해 보렴."과 같이 부족한 점을 지적한다면 세민이의 마음은 실패의 좌절로 가득 찰 것이다. 그러나 세민이의 발표에 대해 과정 중심의 관점으로 바라본다면 교사는 그로부터 의미 있는 향상과 노력을 발견할 수 있다. "이제 세민이가 자리에 일어서서 발표를 하는구나. 세민이가 꾸준히 노력해서 발전하는 모습에 선생님도 정말 기쁘네. 다 같이 세민이에게 큰 박수를 보냅시다."와 같이 노력과 향상에 초점을 두고 긍정적인 피드백을 전달한다면 세민이는 자신의 발표를 커다란 성취 경험으로 인식할 수 있을 것이다. 이처럼 과정의 틀로 학생의 행동을 바라보았을 때, 실패로 여겨질 수 있는 경험이 성취 경험으로 재구조화(reframing)될 수 있다.

결과 중심의 평가적 태도는 학생을 타인의 평가 결과에 과민하게 만든다. 또한 수많은 학생을 실패자로 내몬다. 이는 학생들을 주눅 들게 하고 성장의 과정을 살펴볼 기회를 박탈한다. 반면 과정 중심의 관점에서 학생들의 노력과 향상에 초점을 두는 것은 학생이 미처 몰랐던 성취를 깨닫도록 도와준다. 이를 통해 학생들은 자신이 조금씩 성장해 가는 과정을 인식한다. 이와 같은 경험은 학생들에게 성장에 대한 커다란 용기를 부여해 준다. 이러한 이유에서 아들러 심리학은 결과보다는 과정의 관점에서 노력과 향상을 발견하는 것을 격려 방법의 핵심 요소 중 하나로 강조한다(Lew & Bettner, 1998; Yang et al., 2009).

4) 스스로 평가하도록 돕기

격려의 중요한 기능 중에 하나는 학생 스스로의 성장 동기를 일깨우고, 그것을 향해 꾸준히 나아갈 수 있도록 용기를 주는 것이다. 다시 말해 격려는 성장에 대한 내재적인 동기를 북돋는 것이라 할 수 있다. 교사의 평가적인 태도는 그러한 내적 동기에 중요한 방해 요소가 된다. 교사의 평가에 길들여진 학생들은 자신만의 성장 동기보다 교사를 만족시키는 것에 더욱 민감하기 때문이다. 자신의 성장 동기를 살피는 일은 자연스럽게 뒷전으로 밀려난다.

격려하는 교사는 자신의 평가 틀에 학생들을 맞추려고 하기보다 학생 스스로 성장의 목표를 세우도록 장려한다. 학생 스스로 설정한 목표를 향해 자신의 속도로 발전하도록 하는 것이 더욱 생산적이고 건전하기 때문이다(Dinkmeyer et al., 2000). 또한 격려하는 교사는 학생이 자신의 목표에 도달하는 과정을 스스로 점검하도록 돕는다. 즉, 교사의 평가에 의존하게 하는 대신 학생 스스로 자신의 성장을 평가할 수 있도록 격려하는 것이다. 자기 평가는 성장을 향해 나아가려는 의지를 지속적으로 유지하도록 도우며 꾸준한 자기 성장을 가능하게 한다. 교사의 평가 기준을 강요하는 것보다 스스로 자신을 평가하도록 돕는 것이 학생의 성장에 훨씬 효과적이라 할 수 있다. 이와 같은 입장에서 아들러 심리학은 학생 스스로 평가하도록 돕는 것이 격려 과정의 중요한 일부임을 강조한다(Dinkmeyer et al., 2000; Nelson & Gfroerer, 2017).

학생 스스로 평가하도록 돕기 위해서는 무엇보다도 교사가 평가적인 태도를 내려놓는 것이 중요하다. 이는 교사의 평가를 학생에게 전달하는 것을 무조건 삼가라는 말이 아니다. 자신의 평가 기준을 강요하는 권위적인 평가자의 모습에서 벗어나라는 것이다. 이를 위해서는 가능하면 교사의 평가를 일단 접어두는 것이 좋다. 교사의 평가는 학생의 자기평가가 이루어진 뒤에 전달되어도 늦지 않다. 그 대신 학생에게 다음과 같이 질문을 던지는 것이 학생의 자기평가를 촉진하는 데 도움이 된다.

- "그것에 대해 어떻게 느끼니?"
- "어떤 점이 마음이 드니?"
- "어떤 점이 아쉽니?"
- "어떻게 하면 더 발전할 수 있을까?"

질문뿐만 아니라 수행 과정이나 결과에 대한 학생의 마음을 공감해 주는 것도 학생의 자기평가를 촉진할 수 있다. 그 감정에는 학생의 자기평가가 반영되기 때문이다. 이를테면 다음과 같다.

- "스스로 정말 자랑스럽겠구나."
- "만족스럽겠다."
- "참 뿌듯하겠구나."
- "얼마나 기쁘니?"
- "정말 아쉽겠네."
- "실망한 모양이구나."

5) 불완전할 용기 불어넣기

인간은 불완전한 존재이다. 그러므로 인간이라면 누구나 실수를 한다. 그러나 실수를 대하는 태도는 사람마다 다르다. 어떤 사람은 실수가 두려운 나머지 도전 자체를 회피한다. 도전 없이는 성장도 일어나지 않는다. 다른 어떤 사람은 자신이 언제든 실수를 저지를 수 있음을 인정한다. 실수했을 때는 자신이 실수했음을 받아들이고 실수에서 무엇인가를 배우려 한다. 이런 사람에게는 성장이 일어난다. 전자에게 실수가 비극이라면 후자에게 실수는 배움의 기회이다. 아들러 심리학에서는 후자와 같은 사람을 "불완전할 용기(Dreikurs, 1971)"가 있는 사람이라고 부른다.

불완전할 용기가 있는 사람은 자신의 불완전함을 수용한다. 그렇다고 해서 그 불완전함을 핑계 삼아 안주하지 않는다. 불완전함을 극복하기 위해 끊임없이 도전한다. 그 과정에서 빚어지는 실수를 교훈 삼아 꾸준히 성장한다.

학생으로 하여금 불완전할 용기를 갖게 하는 것은 격려의 핵심 목적 중 하나이다. 불완전할 용기는 스스로 성장해 나가는 데 가장 큰 자산으로 작용하기 때문이다. 따라서 격려하는 교사는 학생의 가슴에 불완전할 용기를 심어 주려 부단히 노력한다.

불완전할 용기를 심어주는 방법은 크게 두 가지로 나눌 수 있다. 먼저 누구나 실수할 수 있음을 강조하는 것이다. 수많은 실패 끝에 성공한 사람들의 이야기를 학생들과 나누는 것이 좋은 방법이 될 수 있다. 에디슨이나 디즈니 이야기가 모범적인 예이다(Lew & Bettner,

1998). 에디슨은 제대로 된 필라멘트를 얻기까지 9,000번의 실패를 경험했다. 디즈니는 디즈니랜드로 성공하기까지 네 번이나 파산했다. 교사가 직접 실수하는 모습을 보여 주는 것도 좋은 방법이다. 교사가 불완전할 용기의 모델이 되는 것이다. 예컨대, 교사가 일부러 칠판에 날짜를 잘못 적는 실수를 한 다음 그것에 대해 사과를 하고, 모든 사람은 때때로 실수를 함을 설명하는 것이 좋은 전략이 될 수 있다(Dreikurs et al., 2004).

불완전할 용기를 키워 주는 또 하나의 방법은 학생이 실수했을 때 그 상황을 배움의 경험으로 만들어 주는 것이다(Dreikurs & Soltz, 1964). 이때 교사는 실수를 비난하는 것을 삼가고 학생을 일관되게 존중하는 자세를 유지하는 것이 필요하다. 실수를 지적하고 그 원인을 따지기보다 실수에서 배울 점을 찾도록 학생을 자극해 주는 것이 훨씬 중요한 일이다. 이를테면 실수에서 배움을 촉진하기 위해 실수한 학생에게 다음과 같이 말해 줄 수 있다(Reimer, 1967). "괜찮아. 실수는 누구나 할 수 있어. 실수에서 무엇을 배우는지가 더 중요하지. 이번 일로 무엇을 배웠니?"

6) 협력과 공헌의 촉진

격려의 궁극적인 목적은 결국 학생이 심리사회적으로 건강한 삶을 영위하도록 돕는 데 있다. 아들러 심리학에 따르면 건강한 삶을 위해서는 충분한 '사회적 관심(social interest)'이 필수적이다(Ansbacher, 1991). 사회적 관심은 자기중심성에서 벗어나 타인과 공동체에 관심을 두고 이를 가치 있게 여기는 것으로 정의된다. 개인의 사회적 관심은 타인과 '협력'하고 자신이 속한 공동체에 '공헌'하려는 행동으로 나타난다(Yang et al., 2009). 즉, 아들러 심리학의 관점에서 건강한 사람은 타인과 협력하고 공동체에 공헌하며 살아가는 사람이다.

이를 교실 상황에 적용해 본다면 건강한 학생은 다른 학생들과 협력하고 학급에 공헌하려는 태도를 지닌 학생이라 할 수 있다. 학생은 협력과 공헌의 실천을 통해 다른 학생들과 연결되고 학급에 소속되는 느낌을 갖는다. 또한 자신의 힘이 타인과 공동체를 위해 쓰이는 경험을 함으로써 자신의 존재 가치를 확인한다. 즉, 협력과 공헌의 실천은 학생의 건설적인 소속감과 자존감을 강화시켜 준다. 따라서 교사가 학생들에게 서로 협력하고 학급에 공헌하도록 격려하는 것은 매우 중요한 임무이다.

협력과 공헌을 격려하는 효과적인 방법 가운데 하나는 교사가 학생에게 도움을 요청하고 그에 대한 감사를 표현하는 것이다. 학생의 행동에서 다른 친구들이나 학급에 도움이 되는 점을 찾아 전달하는 것도 좋은 방법이 될 수 있다. 다음의 예문을 참고하기 바란다.

- "수업 자료를 정리하는 데 승연이 도움이 필요하네. 도와줄 수 있겠니?"
  "승연이 덕분에 이번 수업이 잘 이루어질 수 있었구나. 고마워."
- "모둠 친구들끼리 서로 잘 도와서 재미있는 역사 신문을 만들었구나. 다른 친구들에게도 도움이 되겠는걸?"

• "정윤이와 승민이가 학급 문고를 깔끔하게 정리해 주었답니다. 교실
이 한결 밝아졌죠? 우리 모두 두 친구에게 감사의 박수를 보냅시다."

지금까지 다룬 격려 방법 여섯 가지를 한눈에 살필 수 있도록 〈표
6-6〉에 간단히 정리하였다. 학교에서 격려가 사용되는 다양한 사
례를 살펴보고자 한다면 이해중 등(2017)이 쓴 『격려하는 선생님』이
도움이 될 것이다. 또한 격려의 언어 표현에 관심이 있다면 선영운
(2011)이 개발한 '격려 언어 모형'을 참고해 보길 바란다.

〈표 6-6〉 격려의 방법

낙담한 학생	교사의 격려	용기 있는 학생
낮은 자존감	학생을 있는 그대로 수용하기 ⟶ * 경청하기 * 행위자와 행위 분리하기	자기 수용
낮은 자신감	학생의 능력 신뢰하기 ⟶ * 함께 강점 찾아보기	자기 신뢰
평가 결과에 과민함	결과보다는 과정 중심으로 바라보기 ⟶ * 노력과 향상 발견하기	성장의 과정 인식
타인의 평가에 의존	스스로 평가하도록 돕기 ⟶ * 평가적인 태도에서 벗어나 학 생의 감정 반영하기	자기 평가
실수에 대한 두려움으로 도전 회피	불완전할 용기 불어넣기 ⟶ * 누구나 실수할 수 있음을 보여 주기 * 실수를 배움의 경험으로 만들기	실수에서 배우기

협동과 공헌 촉진하기

자기관심 ──────────────────────▶ 사회적 관심

* 서로 협동하고 학급에 공헌할 수 있
는 방법 찾아보기

참고문헌

선영운(2011). 초등학교 교사를 위한 격려 언어 모형 개발. 광주교육대학교 교육대학원 석사학위논문.

이해중, 김정희, 김선희, 김선우, 조회진, 강지영, 오익수(2017). 아들러심리학의 격려 사례집 1: 격려하는 선생님. 서울: 학지사.

Ansbacher, H. L. (1991). The concept of social interest. *Journal of Individual Psychology, 47*(1), 28-47.

Carlson J., Watts, R. E., & Maniacci, M. (2006). *Adlerian therapy: Theory and practice.* Washington, DC: American Psychological Association.

Dinkmeyer, D., & Dreikurs, R. (1963). *Encouraging children to learn.* Philadelphia, PA: Brunner-Routledge.

Dinkmeyer, D., & Losoncy, L. (1996). *The skills of encouragement.* Boca Raton, FL: CRC Press LLC

Dinkmeyer, D., McKay, G., & Dinkmeyer, D., Jr. (2000). *Systematic training for effective teaching (STET): Teacher's handbook.* Coral Springs, FL: CMTI Press.

Dinkmeyer, D., Jr., & Carson, J. (2006). *Consultation: Creating school-based interventions.* New York: Routledge.

Dreikurs, R. (1967). *Psychodynamics, psychotherapy, and counseling.* Chicago: Alfred Adler Institute of Chicago.

Dreikurs, R. (1971). *Social equality: The challenge of today.* Chicago, IL: Adler School of Professional Psychology.

Dreikurs, R., Cassel, P., & Ferguson, E. D. (2004). *Discipline without tears: How to reduce conflict and establish cooperation in the classroom* (Rev. ed.). Canada: Wiley.

Dreikurs, R., Grunwald, B. B., & Pepper, F. C. (1998). *Maintaining sanity in the classroom: Classroom management techniques* (2nd ed.). Philadelphia, PA: Accelerated Development.

Dreikurs, R., & Soltz, V. (1964). *Children: the challenge*. New York: Hawthorn.

Kishimi, I., & Koga, F. (2014). 미움받을 용기 [*Kirawareru yuuki*]. (전경아 역). (원전은 2013에 출판)

Lew, A., & Bettner, L. B. (1998). *Responsibility in the classroom: A teacher's guide to understanding and motivating students*. Newton Centre, MA: Connexions Press.

Nelson, J., & Gfroerer, K. (2017). *Positive discipline: Tools for teachers*. New York: Harmony.

Reimer, C. (1967). Some words of encouragement. In Vicki Soltz (Ed.), *Study group leader's manual*. Chicago: Alfred Adler Institute.

Rogers, C. R. (1961). *On a becoming a person: A therapist's view of psychotherapy*. New York: Houghton Mifflin.

Taylor, J. F. (1979). Encouragement vs. Praise. Unpublished manuscript presented at a workshop in Portland, Oregon.

Sweeney, T. J. (2009). *Adlerian counseling and psychotherapy: A practitioner's approach* (5th ed.). New York: Routledge.

Yang, J., Milliren, A., & Blagen, M. (2009). *The psychology of courage: An Adlerian handbook for healthy social living*. New York: Routledge.

제7장 논리적 결과

> "자신이 행한 행동의 결과를 경험하도록 하는 것은
> 진정한 배움의 장을 제공하는 것이다."
>
> – Dreikurs & Soltz(1964) –

　처벌은 아직까지도 교실에서 심심치 않게 사용되고 있는 훈육의 도구이다. 처벌이란 학생이 잘못을 저질렀을 때 교사가 의도적으로 심리적 혹은 육체적 불편을 가하는 것을 의미한다. 이는 부적절한 행동에 뒤따르는 괴로움의 경험이 그 행동을 가장 효과적으로 '통제'할 수 있다는 가정에 기반을 둔다(Lew & Bettner, 1998).

　아들러 심리학은 훈육의 수단으로 처벌이 사용되는 것을 강력히 반대한다. 처벌은 훈육의 기능을 제대로 발휘하지 못할 뿐 아니라 심각한 부작용을 낳을 수 있기 때문이다. 아들러 심리학의 관점에서 훈육의 목표는 학생의 행동을 통제하는 데 있지 않다. 이보다는 학생들에게 책임감, 의사결정 능력, 자립심 등을 길러 주어 스스로 최선의 선택을 할 수 있도록 돕는 데 있다(Dinkmeyer, Mckay, & Dinkmeyer, 2000). 처벌은 일시적으로 부정적인 행동을 멈추게 하는 데 효과가 있지만 자신의 행동에 대한 책임을 깨닫게 해 주는 배움의 장을 제공하지 못한다. 이는 처벌이 장기적인 관점에서 학생의 성장에 별다른 도움이 되지 못함을 의미한다. 오히려 학생을 주눅들게 하거나 교사에 대한 분노와 반발심을 키우는 등의 심각한 역효과를 야기할 수 있다.

   문제 행동을 근본적으로 교정하기 위해서는 자신의 행동에 대한 책임을 일깨워 주는 것이 매우 중요하다. 책임을 깨닫게 하는 가장 좋은 방법은 자신이 선택한 행동에 뒤따르는 결과를 직접 경험해 보는 것이다([그림 7-1] 참조). 단, 그 결과는 자신의 행동에 자연스럽게 뒤따르는 것이거나 그 행동과 논리적인 연관성을 띠고 있는 것이라야 한다. 행동과 결과 사이에 자연적이거나 논리적인 연결고리가 없다면 책임에 대한 배움은 일어나기 어렵다. 학생의 행동과 관련성이 떨어지는 처벌이 문제 행동에 대한 근본적인 개선을 이끌지 못하는 것도 이 때문이다.

[그림 7-1] 선택에 따른 결과를 통해 책임감 배우기

아들러 심리학에서는 선택할 자유와 그에 따른 책임을 강조한다

(Mosak & Maniacci, 2011). 이에 따라 어린 아동이나 청소년이라 할지라도 스스로의 행동을 선택할 권리가 존중되어야 함을 강하게 주장한다. 이와 더불어 선택에는 책임이 따르는 것을 배우게 하고, 자신이 선택한 행동에 대해 책임질 수 있는 태도를 길러 주는 것이 부모와 교사의 중요한 임무임을 역설한다. 아들러 심리학은 선택에 대한 책임을 배우게 하는 방법으로 처벌이나 보상 대신 자연적 결과와 논리적 결과를 사용할 것을 권장한다(Dreikurs, Grunwald, & Pepper, 1998). 여기에서는 자연적 결과와 논리적 결과의 구체적인 개념을 소개하고, 학생들의 문제 행동을 다룰 때 어떻게 그것들이 사용될 수 있는지를 살펴보고자 한다.

1. 자연적 결과

1) 정의

자연적 결과(natural consequence)란 선택한 행동에 자연적으로 뒤따르는 결과를 일컫는다. 예컨대, 화가 나서 점심을 거른다면 나중에 자연스럽게 배가 고파질 것이다. 화분에 물 주기를 소홀히 한다면 꽃은 얼마 못가 시들어 버릴 것이다. 비가 예보되어 있는 날 우산을 챙기지 않는다면 온몸이 비에 흠뻑 젖어 버릴 수 있을 것이다. 이러한 결과는 누군가에 의해 의도적으로 계획된 것이 아니다. 그저 자연적으로 일어나는 과정일 뿐이다. 이러한 경험을 통해 우리는 화가 나더라도 가능한 식사를 거르지 않을 것이고, 화분에 물 주는 것을 잊지 않을 것이며, 비 예보를 보고 우산을 꼭 챙기려 할 것이다. 이처럼 우리는 자연에 의해 빚어진 결과를 통하여 소중한 교훈을 얻는다.

2) 효과

자연적 결과를 체험해 보는 것은 선택에 대한 책임을 배우는 데매우 효과적이다. 자연적 결과는 인간의 힘으로는 감히 거스를 수없다. 또한 늘 한결같다. 따라서 그것에 반발심을 갖는 것은 부질없는 짓이다. 이러한 까닭에 자연적 결과를 경험했을 때는 누구를 탓할 것도 없이 그것을 받아들이는 수밖에 없다. 이에 따라 자연적 결과는 학생들로 하여금 자신의 행동에 대한 책임을 일깨우는 데 아주강력한 힘을 발휘한다.

또한 자연적 결과를 통해 배우는 과정에서는 교사와 학생 간의 관계가 상할 일이 거의 없다. 문제 행동을 다루는 과정에서 교사와 학생 사이에 감정이 골이 깊어지는 것은 자주 있는 일이다. 이따금씩은 교사가 아무리 존중하는 태도를 유지한다고 하더라도 학생과의관계에 금이 갈 때가 있다. 그러나 자연적 결과를 경험하는 과정에서는 직접적인 개입이 일어나지 않기 때문에 서로 감정 상할 일을걱정할 필요가 없다. 이상과 같은 장점 때문에 아들러 심리학에서는 학생의 문제 행동을 다룰 때 자연적 결과를 적극적으로 활용할것을 권장한다.

3) 유의점

학생에게 자연적 결과를 체험하게 할 때 가장 명심해야 할 점은 학생을 존중하는 태도를 끝까지 잃지 않아야 한다는 것이다. 이를 테면 화가 나서 점심을 굶겠다고 한 학생이 있다고 하자. "그래, 한 번 굶어 봐라. 너만 손해지. 나중에 후회나 하지 마."라고 말한다면 학생은 교사에게 적개심을 가질 가능성이 크다. 학생의 마음이 교사에 대한 부정적 감정으로 가득 찼을 때는 아무리 자연적 결과를 체험한다고 할지라도 자신의 선택에 대한 책임을 배울 마음의 여유를 가질 수 없음을 유념해야 한다. "화가 정말 많이 났나 보구나. 그래도 점심을 거르면 오후에 배가 많이 고플 텐데 괜찮겠니? 그래도 정 못 먹겠다면 그렇게 하려무나."와 같이 학생을 공감해 주고 또한 학생의 선택을 존중해 주는 것이 바람직하다. 이러한 태도는 자연적 결과를 경험한 다음에도 끝까지 유지되어야 한다. 교사들은 간혹 자연적 결과가 일어난 다음에 설교를 늘어놓곤 한다. 예컨대 "그것 봐라. 내가 뭐랬니? 내가 배고플 거라고 했지? 화가 나도 밥은 꼭 먹어야 하는 거야. 고집 부려봤자 너만 손해라니까."처럼 말이다. 이와 같은 교사의 반응은 학생에게 강한 불쾌감을 줄 수 있다. 이 역시 자연적 결과를 통하여 책임감을 학습할 소중한 기회를 가로막는다. 자연적 결과를 적용하는 상황에서 학생을 가르치는 주체는 교사가 아닌 자연적 결과임을 유념하여야 한다.

4) 한계

자연적 결과가 강력한 훈육 효과를 나타낸다고는 한지만 모든 상황에 적용이 가능한 것은 아니다. 문제 행동 교정을 위해 자연적 결과에 맡기는 것이 별다른 도움을 주지 못할 때도 많다. 편식을 예로 들어 보자. 그것에 뒤따르는 자연적 결과는 몸이 허약해지거나 성장에 문제가 생기는 것이 될 것이다. 문제는 그 결과가 나타나기까지 상당한 시간이 소요된다는 점이다. 학생이 자신의 건강이나 성장 문제를 실감하고 그로부터 교훈을 얻기까지 몇 년이 걸릴지 모른다. 또한 그 문제를 만회하기에는 이미 너무 어려운 상태에 도달해 버렸을 수도 있다. 이러한 상황에서 자연적 결과를 사용하는 것은 매우 비효율적인 동시에 위험 부담도 크다.

심지어는 학생을 자연적 결과에 내맡기는 것을 엄격하게 삼가야 할 때도 존재한다. 예컨대, 무단횡단을 습관처럼 하는 학생이 있다고 하자. 이때의 자연적 결과는 교통사고를 당하는 것이다. 만약 교통사고가 난다면 그 학생은 무단횡단을 해서는 안 된다는 교훈을 절실히 깨닫게 될 것이다. 그러나 그 대가는 너무나 혹독하다. 이처럼 자연적 결과는 학생의 안전이나 건강을 위협하는 것이 될 수 있다. 예상되는 결과가 이렇다면 학생의 문제 행동 개선을 위해 자연적 결과를 경험하도록 하는 것은 철저히 삼가야 한다.

자연적 결과는 학생의 책임감을 키워 주는 훌륭한 방안이 될 수 있지만 적용 가능한 상황이 상당히 제한적이라는 점에서 아쉬움을 불러일으킨다. 따라서 교사는 자연적 결과가 적용되기 어려운 상황에서 사용될 수 있는 또 다른 도구를 갖출 필요가 있을 것이다. 바로 '논리적 결과'가 자연적 결과의 좋은 대안이 될 수 있다. 논리적 결과는 자연적 결과와 더불어 학생의 책임감을 길러 주는 유용한 도구로 사용될 수 있을 것이다.

〈표 7-1〉 자연적 결과

정의	• 학생이 선택한 행동에 자연적으로 뒤따르는 결과 • 누군가에 의해 의도적으로 계획된 것이 아닌 자연적으로 일어나는 과정
예	• 화가 나서 점심 거르기 → 오후에 배가 고파짐 • 화분에 물 주는 것을 소홀히 함 → 꽃이 시들어 죽음 • 비가 예보된 날에 우산을 챙기지 않음 → 비에 흠뻑 젖음 • 게임하느라 늦게 잠 → 다음날 온종일 피곤함
효과	• 자연의 힘에 의해 일어나므로 매우 강력함 • 학생은 자연적 결과를 반발심 없이 수용함 • 교사의 개입 없이 일어나므로 교사-학생 관계에 손상을 주지 않음
유의점	• 학생을 존중하는 태도를 끝까지 유지한다. • "그것 봐라. 내가 뭐랬니?"와 같은 설교를 늘어놓지 않는다. • 따뜻하게 공감해 준다.

한계	• 결과가 나타나기까지 너무 많은 시간이 소요될 때가 있음
	  예) 편식 → 성장 문제
	• 안전과 건강에 심각한 위협이 될 수 있음
	  예) 습관적인 무단횡단 → 교통사고
	• 학교에서 적용 가능한 상황이 상당히 제한적임

2. 논리적 결과

1) 정의

논리적 결과는 학생이 사회 질서나 규칙에 어긋나는 행동을 했을 때 그에 대한 대가로 경험하게 하는 결과를 의미한다(Dinkmeyer et al., 2000). 이는 사람에 의해 의도적으로 개입된 결과라는 점에서 자연적 결과와 차이가 있다. 이를테면 체육 시간에 준비운동을 하지 않아서 부상을 당하는 것은 자연적 결과로 일어난 일이다. 한편 준비운동을 하지 않은 학생에게 충분한 준비운동을 할 때까지 체육 활동에 참여하지 못하게 하는 것은 논리적 결과를 적용한 것이다. 여기서 경험하게 되는 결과는 선행 행동과 논리적인 연관이 있어야 한다. 예컨대 준비운동을 하지 않았다고 해서 교사가 방과 후에 청소를 시키는 것은 논리적 결과라 할 수 없다. 준비운동을 하지 않은 것과 청소 사이에 논리적인 연결 고리를 찾기 어렵기 때문이다. 논리적인 관련성이 결여된 결과를 학생에게 강요하는 것은 처벌과 다르지 않다.

2) 목적

논리적 결과는 일반적으로 학생이 사회질서에 어긋나는 행동을 했을 때 사용된다. 여기서 유념할 점은 논리적 결과의 목적이 잘못한 학생을 응징하는 데 있지 않다는 점이다. 이것은 처벌과 다른 논리적 결과의 중요한 특징 가운데 하나이다. 논리적 결과의 목적은 사회의 질서와 행동에 대한 책임을 배우도록 하는 데 있다. 논리적 결과는 자신의 행동에 뒤따르는 결과를 체험했을 때 가장 잘 배운 다는 점을 기본 가정으로 한다(Lew & Bettner, 1998). 만약 학생이 자신이 선택한 행동과 제시된 결과 사이에서 논리적인 연관성을 인정한다면, 자신의 행동에 뒤따르는 결과를 수용할 것이다. 이러한 경험을 통해 학생은 사회의 질서를 배우고 자신의 행동에 대한 책임을 깨닫게 된다.

3) 처벌 vs 논리적 결과

논리적 결과는 처벌과 엄연히 다르다. 그러나 그 차이가 충분히 이해되지 못한 채 논리적 결과가 처벌의 수단으로 잘못 사용될 때가 많다. 이른바 논리적 결과를 가장한 처벌이다. 이는 논리적 결과라는 미명 아래 교사 자신과 학생들을 농락한다(Dreikurs, Cassel, & Ferguson, 2004). 논리적 결과의 긍정적인 효과가 전혀 나타나지 않음은 물론 처벌의 부정적인 효과만 교실에 확산될 뿐이다. 처벌이 논리적 결과로 둔갑하는 것을 막기 위해서는 둘 사이의 차이를 명확히 이해하는 것이 중요하다.

처벌은 교사의 권위에 의존하며 강압적으로 제시되는 반면 논리적 결과는 상호 존중의 분위기 속에서 학생에게 선택의 기회를 제공한다. 처벌은 잘못에 대한 응징의 성격이 강하나 논리적 결과는 학생의 성장을 위한 배움에 초점을 둔다. 처벌은 학생의 행동과 논리적 관련성이 떨어질 때가 많지만 논리적 결과는 이름에 그대로 드러나듯이 행동과 논리적으로 관련된 결과를 제안하는 것이다. 보다 구체적인 차이는 〈표 7-2〉를 참고하기 바란다.

〈표 7-2〉 처벌과 논리적 결과의 차이

	특징	기본 메시지	예상되는 결과
처벌 vs. 논리적 결과	• 힘과 권위를 강조함	• 내가 말한대로 해. 왜냐하면 내가 그렇게 말했으니까! 내가 여기 책임자야.	• 반항, 복수, 자기훈육의 부족, 교활함, 무책임
	• 사회 질서의 현실을 강조함	• 난 네가 너 자신과 다른 사람의 권리에 대한 존중을 배우리라 믿어.	• 자기훈육, 협동, 자신과 타인 존중, 신뢰
처벌 vs. 논리적 결과	• 행위와 거의 관련이 없음 • 자의적임	• 내가 가르쳐 주지. 넌 이것을 당하는 게 마땅해.	• 억울함, 복수, 두려움, 혼란, 반항
	• 문제 행동과 논리적으로 관련됨 • 타당함	• 나는 네가 책임 있는 선택을 할 거라 믿어.	• 경험으로부터 배우기
처벌 vs. 논리적 결과	• 도덕적 판단이 내포됨	• 이걸로 널 가르쳐야 해! • 넌 나빠!	• 상처받은 감정, 억울함, 죄책감, 복수심
	• 도덕적 판단이 아님 • 학생을 존엄하게 대우함	• 너는 가치 있는 사람이야!	• 자신의 행동이 불쾌할 수도 있음을 배움(인간으로서의 자신에 대해서는 그렇지 않음)

처벌 vs 논리적 결과	• 과거의 행동을 강조함	• 이것은 네가 한 행동에 대한 대가야. • 나는 잊지 않고 있어! 너는 절대 배울 수 없을 거야.	• 좋은 결정을 내릴 수 없다고 느낌 • 교사의 눈에는 용 납될 수 없음
	• 현재와 미래의 행 동에 관심을 둠	• 너는 스스로 선택할 수 있 고 자신을 돌볼 수 있어.	• 스스로 방향을 잡 고 스스로를 평가 하게 됨
처벌 vs 논리적 결과	• 공개적 혹은 암 묵적으로 위협 을 가함 • 존중하지 않음	• 너는 태도를 고치는 게 좋을 거야! • 우리 반에서는 아무도 너처럼 행동하지 않아.	• 복수심, 두려움, 반항, 죄책감
	• 존중과 선의를 전달하는 목소리	• 내가 좋아하지 않는 것은 너의 행동일 뿐 너 자체 는 여전히 좋아한단다.	• 교사의 존중과 지지 에 안정감을 느낌
처벌 vs 논리적 결과	• 순종을 요구함	• 너의 선호 따위는 중요 치 않아! • 네가 현명한 결정을 내릴 거라고는 믿을 수 없어.	• 순종에 대한 반 항, 언젠가는 복 수하려고 계획함 • 신뢰와 평등의 파괴
	• 선택권을 부여함	• 네가 결정할 수 있어.	• 책임 있는 결정, 문제해결력 신장

출처: Dinkmeyer, D., McKay, G., & Dinkmeyer, D., Jr. (2000). *Systematic training for effective teaching (STET): Teacher's handbook.* Coral Springs, FL: CMTI Press.

4) 적용 지침

논리적 결과를 적용할 때 자주 하는 실수는 논리적인 관련성만을 따진 채 성급하게 사용하는 것이다. 그러나 논리적으로 관련이 있는 결과를 제시한다고 해서 무조건 논리적 결과가 되는 것은 아니다. 서로 존중하는 태도를 바탕으로 합의의 과정을 통해 논리적 결과가 이루어져야 한다. 이러한 태도와 과정이 결여된다면 그것은 진정한 논리적 결과가 아니다. 오히려 처벌에 가깝다. 제 아무리 논리적 관련성이 충족되었다고 해도 말이다. 이렇듯 논리적 결과를 제대로 사용하기 위해서는 여러 면에서 세심한 주의가 필요하다. 여기에서는 논리적 결과를 적용하는 데 도움이 되는 구체적인 지침들을 제시하고자 한다.

(1) 선택과 합의

논리적 결과는 학생에게 이해되어야 하고 수용되어야 한다 (Dreikurs et al., 1998). 교사 입장에서 아무리 논리적으로 타당한 결과라고 하더라도 학생이 그것을 논리적인 결과라고 인정하지 않는다면 학생은 그것을 처벌로 해석하기 때문이다(Dreikurs et al., 2004). 따라서 논리적 결과는 충분한 대화와 합의를 거쳐 이루어질 필요가 있다. 또한 그 과정에서 학생의 선택이 반드시 존중되어야 한다(Dreikurs et al., 1998). 이처럼 논리적 결과는 학생의 '선택'을 기반으로 교사와 학생 간의 '합의'를 거쳐 이루어진다. 예컨대 수업 시간에 늦은 학생에게 어떠한 의견도 묻지 않은 채 남아서 보충학습을 할 것을 일방적으로 지시했다면 이것은 논리적 결과에서 벗어난다. 비록 행동과 결과 사이에 논리적인 연관성이 존재한다고 해도 학생의 선택권과 그것에 기반을 둔 합의가 무시된다면 그것은 오히려 처벌에 가깝다고 볼 수 있다. 논리적 결과가 되기 위해서는 다음 사례와 같은 합의 절차가 필요하다.

교 사: 요즈음 수업 시간에 늦는 학생들이 늘고 있네요. 수업을 제 시간에 시작하기 어려워 선생님이 정말 불편합니다. 또한 공부할 시간이 줄어들어 우리 반 모두에게 피해가 될 것 같습니다. 이 문제를 어떻게 해결하면 좋을지 다 같이 이야기하고 싶어요.

학생 1: 만약 수업에 계속 늦으면 반성문을 쓰도록 하면 좋을 것 같습니다.

학생 2: 수업에 늦는 날에는 남아서 교실 청소를 하는 것이 어떨까요? 그러면 수업에 늦지 않을 것 같은데요.

학생 3: 일단 수업에 늦는 친구들이 있더라도 수업을 제 시간에 시작하는 것이 옳다고 생각합니다. 수업 시작을 늦추면 다른 친구들에게 피해가 가니까요. 수업에 늦은 친구들에게는 늦은 시간만큼 남아서 보충학습을 하도록 하는 것이 공평할 것 같습니다.

교 사: 여러 의견이 나왔네요. 여러분이 내놓은 의견들 중에 어떤 것이 문제해결에 가장 도움이 될까요? 또한 수업 시간에 늦는 문제와 가장 관련이 깊을까요? 토의를 통해 결정해 봅시다.

(충분한 토의 후)

교 사: 대부분이 늦은 시간만큼 남아서 보충학습을 하는 것에 동의하네요. 그러면 앞으로 수업에 늦으면 방과 후에 남아서 보충학습을 하는 것으로 결정하도록 하겠습니다. 여러분 스스로 선택한 것이니만큼 잘 지킬 것이라 믿습니다.

위와 같은 합의 과정은 논리적 결과에 필수적이지만 때로는 충분한 합의를 거칠 만한 시간적 여유가 부족할 때가 있다. 다음의 상황을 생각해 보자. 체육 시간에 여러 학생이 준비운동에 소홀히 하고 있다. 이는 부상을 초래할 수 있으므로 당장 처리되어야 하는 문제이다. 그러나 이에 대한 논리적 결과는 아직 마련되지 않은 상태이다. 제대로 된 논리적 결과를 적용하기 위해서는 학생들과 충분한 토의를 바탕으로 합의된 결과를 이끌어 내는 과정이 있어야 한다. 그러나 그 자리에서 바로 이 과정을 거치기에는 무리가 있다. 당장 체육수업을 진행해야 하기 때문이다. 만약 토의를 시작한다면 체육수업을 전혀 하지 못할 수도 있다. 그렇다고 해서 나중에 토의하기로 하고 그 문제를 덮어 둔다면 학생들은 부상의 위험에 노출된다. 과연 어떻게 하는 것이 좋을까?

이러한 상황에서는 교사가 임시적으로 논리적 결과를 제시하여 당장의 문제를 일단락 짓는 것이 바람직하다(Dreikurs et al., 1998). 그러나 교사가 제시한 논리적 결과는 말 그대로 임시적으로만 사용되어야 한다. 반드시 나중에 학생들과 충분한 토의를 통해 합의된 논리적 결과를 이끌어 내는 절차가 이루어져야 한다. 위 상황에서 교사는 다음과 같이 말할 수 있을 것이다.

"준비운동에 소홀히 하는 친구들이 많네요. 준비운동을 충분히 하지 않으면 부상 위험이 크다는 걸 여러분도 잘 알고 있죠? 이 문제를 어떻게 하면 좋을지 토의하고 싶지만 지금은 체육수업을 해야 하니까 선생님이 임시로 결정해야 할 것 같습니다. 일단 이 시간에는 준비운동을 하지 않는 학생들은 체육 활동에 참여할 수 없는 걸로 하겠습니다. 여러분을 다치게 할 수는 없으니까요. 나중에라도 충분히 준비운동을 하면 언제든지 체육 활동에 참여할 수 있습니다. 이 문제에 대한 구체적인 토의는 다음 학급회의 시간에 하도록 합시다."

〈표 7-3〉을 보면 임시적인 논리적 결과와 합의된 논리적 결과의 차이를 이해하는 데 도움이 될 것이다. 또한 자연적 결과와 처벌의 특성도 함께 상세히 비교해 놓았으니 참고하기 바란다.

〈표 7-3〉 세 가지 유형의 결과와 처벌의 차이

자연적 결과	임시적인 (논리적) 결과	(합의된) 논리적 결과	처벌
• 행동에 대한 자연적인 결과	• 상황 중심 • 훈련이 시작됨	• 상황의 실제 • 훈련이 지속됨	• 어른의 힘에 의한 자의적인 연습 • 훈련은 없음
• 과정에 어른이 관여하지 않음 예) 아이가 넘어지면 무릎에 멍이 듦	• 행동과 논리적인 연관이 있음 • 행동이 처음 일어났을 때 어른에 의해 임시적으로 부과되는 결과 "방해를 계속한다면 수업에 참여할 수 없단다."	• 행동과 논리적인 연관이 있음 • 첫 행동이 일어난 다음에 아이와 함께 논의하는 과정을 거쳐 아이에 의해 이해되고 수용된 결과	• 권위의 힘이 지배함 "질문하지 말고 내가 라는 대로 해." • 아이가 명령을 존중하지 않을 수 있음
• 아이가 자신의 행동과 그에 대한 결과를 연관 지음	• 행위와 행위자를 구분함	• 도덕적 판단의 요소가 없음 "너는 좋은 아이지만, 너의 행동은 그렇지 않단다."	• 나쁘거나 잘못되었다는 등 어느 정도의 도덕적 판단이 수반됨 • 반항을 유발할 수 있음
• 현재 행동을 다룸	• 현재 행동을 다룸	• 현재와 미래의 행동을 다룸	• 과거, 현재, 미래의 행동을 다룸

• 선택이 없음 • 결과는 자연적으로 일어남	• 선택권이 없음	• 자신의 행동에 책임을 지도록 아이에게 선택권을 줌	• 선택권을 주지 않고, 아이의 행동에 대한 책임이 어른에게 있음을 암시함
• 아이는 내적 훈육을 학습함	• 내적 훈육을 기르기 위한 장을 마련함	• 내적 훈육을 개발함	• 외부에서 부과된 훈육이 유지됨 • 잘못된 행동을 부추길 수 있음 • 아이는 내적 확신이 아닌 두려움으로 인해 행동함
• 어른이 간섭하지 않음	• 어른이 친근함을 유지함 • 목소리를 통해 좋은 의지를 전달함	• 긍정적인 태도가 유지됨 • 아이는 상호 존중을 느낌	• 어른은 화를 표현함 • 적대적인 분위기가 지속되고, 학생은 이에 분개심을 품음

출처: Dreikurs, R., Grunwald, B. B., & Pepper, F. C. (1998). *Maintaining sanity in the classroom: Classroom management techniques* (2nd ed.). Philadelphia, PA: Accelerated Development.

(2) 존중하는 태도

논리적 결과를 위해서는 교사와 학생 간의 긍정적인 관계가 필수적이다. 나쁜 관계 속에서 논리적 결과는 학생에게 처벌로 받아들여지기 쉽기 때문이다(Dinkmeyer & Carson, 2006). 따라서 논리적 결과가 힘을 발휘하기 위해서는 평소 학생과 긍정적인 관계를 구축해 놓는 것이 매우 중요하다. 또한 논리적 결과를 적용하는 과정에서 학생을 존중하는 태도를 끝까지 잃지 않아야 함을 유념해야 한다. 화내기, 경고, 협박, 잔소리 등이 동반된다면 대부분의 논리적 결과는 처벌로 바뀌어 학생에게 다가간다(Dinkmeyer et al., 2000). 제 아무리 논리적인 관련성이 있고 학생의 선택권에 기반을 둔 것이라 할지라도 말이다. 다음의 사례를 살펴보자.

교사: 또 수업 시간에 늦었네.

학생: 시간을 확인하지 못해서 그랬어요.

교사: 늘 그런 식이지. 한두 번도 아니고. 늦은 시간만큼 남아서 보충학습을 해야 하는 것은 잘 알고 있겠지? 너희가 직접 결정했으니 다른 소리는 못하겠지.

학생: 네. 남을게요.

교사: 그러게, 제 시간에 오면 될 것을 왜 자꾸 늦어서 남으려고 하니. 다음 시간에도 늦으면 남아야 하는 시간이 늘어나는 건 잘 알고 있겠지?

학생: 네.

교사는 학생들의 선택에 근거해서 논리적으로 관련이 있는 결과를 제시했다. 여기까지는 논리적 결과의 조건에 부합한다고 볼 수 있다. 그러나 학생을 존중하는 태도가 부족했다. 학생의 마음에서는 자신의 행동에 대한 반성보다 교사에 대한 부정적 감정이 더 크게 일고 있을 것이다. 따라서 학생에 대한 존중하는 태도가 부족하다면 논리적 결과는 그 힘을 충분히 발휘하기 어렵다. 결국 존중하는 태도가 결여된 논리적 결과는 처벌과 크게 다르지 않다.

(3) 일관된 실천

합의된 결과는 반드시 일관되게 실천해야 한다(Dinkmeyer et al., 2000). 이를 위해서는 실천 가능한 논리적 결과를 찾는 것이 중요하다. 예컨대 숙제를 잘 해 오지 않는 학생들이 있다고 하자. 학생들은 교사와 함께 토의를 거쳐 숙제를 해 오지 않으면 방과 후에 교실에 남아서 숙제를 하고 가기로 합의했다. 며칠 뒤 그 학생들은 숙제를 해오지 않는 바람에 남아서 숙제를 해야 하는 처지가 되었다. 그러나 그날 교사는 갖가지 업무와 회의 때문에 도저히 학생들을 교실에 남겨 놓을 수가 없었다. 어쩔 수 없이 다음날까지 숙제를 꼭 해오라고 하면서 학생들을 집으로 돌려보냈다. 그러나 다음날에도 학생들은 숙제를 해 오지 않았다. 교사는 학생들을 꼭 남겨서 숙제를 하게 하려고 했지만 안타깝게도 상황은 전날과 마찬가지였다. 갑작스럽게 교직원회의가 소집된 것이다. 결국 논리적 결과의 실천은 흐지부지 넘어가 버렸다. 이렇게 되면 논리적 결과를 통해 책임을 배울 기회는 상실되고 만다. 구슬이 서 말이라도 꿰어야 보배가 되듯이 그럴 듯한 논리적 결과를 마련했다고 하더라도 실천하지 못하면 아무런 의미가 없다. 즉, 논리적 결과는 반드시 실천 가능해야 하고, 또한 인내심을 바탕으로 일관되게 이행되어야 한다.

(4) 화 피하기

화가 났을 때는 논리적 결과를 사용하지 않는 편이 낫다. 여기서 화가 난 주체는 교사와 학생 모두에게 해당된다. 교사가 화났을 때는 학생을 존중하는 태도를 보이기가 쉽지 않을 것이다. 이 상태에서 논리적 결과를 제시한다면 학생은 그것을 처벌로 받아들이게 될 가능성이 높다. 학생이 화났을 때도 논리적 결과를 적용하는 것은 바람직하지 않다. 논리적 결과의 목적은 그 결과를 통해 자신의 행동에 대한 책임을 배우게 하는 것이다. 학생이 화가 난 상태라면 이러한 배움의 과정이 마음속에서 일어나기란 매우 어렵다. 즉, 학생이 화가 났을 때는 논리적 결과의 효과가 충분히 발휘되지 못한다는 것이다. 이는 힘겨루기나 복수를 목적으로 행동하고 있는 학생에게는 논리적 결과의 사용이 적절치 못할 수 있음을 시사한다(Dreikurs et al., 2004). 힘겨루기와 복수의 밑바탕에는 화의 감정이 기본적으로 깔려 있는 경우가 대부분이기 때문이다. 만약 학생의 문제 행동을 다룰 때 교사 자신이나 학생에게서 화의 감정이 느껴진다면 일단은 각자의 화를 가라앉히는 것이 먼저임을 명심할 필요가 있다. 논리적 결과는 그다음에 사용해도 늦지 않다.

〈표 7-4〉 논리적 결과의 적용 지침

논리적 관련성	학생의 행동과 논리적으로 관련이 있는 결과를 찾는다.
선택과 합의	학생의 선택권을 주고 합의를 통해 결정한다.
존중하는 태도	서로 존중하는 태도를 끝까지 잃지 않는다.
일관된 실천	합의된 결과를 일관되게 실천한다.
화 피하기	(교사, 학생 모두) 화난 상황에서는 사용하지 않는다.

3. 논리적 결과의 평가 기준, 3R 1H

논리적 결과는 교사들 사이에서 쉽게 오용된다(Dreikurs et al., 2004). 교사는 논리적 결과로 굳게 믿고 사용하지만 그것은 제대로 된 논리적 결과가 아닐 때가 많다. 잘못된 논리적 결과는 처벌과 다르지 않다. 즉, 교사는 자기도 모르게 논리적 결과로 가장한 처벌을 사용하는 것이나 마찬가지이다.

논리적 결과라는 멋진 이름 아래 학생을 처벌하는 실수를 피하기 위해서는 논리적 결과를 사용할 때마다 그것을 스스로 평가해 보는 절차가 필요하다. 교실에서 Crucial Cs의 중요성을 강조한 류와 베트너는 논리적 결과의 타당성을 평가하기 위한 세 가지 기준을 제시했다(Lew & Bettner, 1998). 그것은 관련성(Related), 존중(Respectful), 합리성(Reasonable)이다. 이 세 가지 기준은 영어 낱말 앞 글자를 따서 세 가지 R, 즉 3R이라 불린다. 한편 아들러 심리학을 바탕으로 개발된 '학급긍정훈육법(Nelson & Gfroerer, 2017; Nelson, Lott, & Glenn, 2014)'에서는 3R에 한 가지 기준을 덧붙여 3R 1H를 제시하고 있다. 여기서 H는 '도움(Helpful)'을 의미한다. 3R 1H를 구성하는 관련성, 존중, 합리성, 도움에 대한 구체적인 설명은 다음과 같다.

(1) 관련성(Related)

관련성은 논리적 결과를 사용하는 데 있어서 가장 먼저 점검해야 할 기준이다. 앞에서도 다루었듯이 학생의 행동에 적용할 논리적 결과는 반드시 그 행동과 논리적인 관련이 있어야 한다. 논리적 관련이 없다면 학생은 그것을 처벌로 받아들이게 된다. 이 경우 사회 질서와 책임에 대한 배움은 일어나지 않는다. 따라서 교사는 논리적 결과를 적용할 때 '이것이 학생의 행동과 논리적인 관련이 있는가?'를 가장 먼저 따져 보아야 한다.

(2) 존중(Respectful)

앞서 언급했듯이 제 아무리 학생의 행동과 논리적인 관련성이 있는 결과를 제시했다고 하더라도 존중하는 태도가 없다면 그것은 학생에게 처벌로 받아들여지게 마련이다. 어떠한 결과를 제시하든 간에 학생을 존중하는 태도가 학생에게 전달되어야 한다. 또한 학생에 대한 존중은 논리적 결과가 적용되는 과정은 물론 그 과정의 전과 후에도 일관되게 유지되어야 한다. 사회적 평등에 기초한 상호 존중 없이는 어떠한 훈육 방법도 학생의 성장에 기여할 수 없다는 것이 아들러 심리학의 기본 가정임을 명심할 필요가 있다. 따라서 교사는 논리적 결과를 적용할 때 '서로 존중하는 방식으로 이루어지고 있는가?'를 끊임없이 자문해야 한다.

(3) 합리성(Reasonable)

합리적인 결과란 교사는 물론 학생에게도 논리적으로 이해될 수 있는 결과임을 의미한다(Lew & Bettner, 1998). 앞에서도 말했듯이 교사의 관점에서 논리적으로 타당할지라도 학생이 그것을 논리적인 결과라고 인정하지 않는다면 학생은 그것을 처벌로 해석한다

(Dreikurs et al., 2004). 합리적인 논리적 결과가 되기 위해서는 논리적이라 할지라도 학생에게 가혹하지 않아야 하고 수용 가능해야 한다. 예컨대 한 학생이 교실에서 빗자루로 칼싸움을 하다가 백만 원이 넘는 학급 텔레비전을 망가뜨렸다고 하자. 불행하게도 수리가 불가능한 상황이다. 학생에게 똑같은 텔레비전을 사 오게 하는 것은 논리적으로 타당해 보인다. 그러나 과연 학생이 이를 합리적인 결과로 수용할 수 있을까? 아마 너무나 가혹한 처벌로 받아들일 가능성이 높을 것이다. '눈에는 눈, 이에는 이'와 같은 방식은 논리적으로 타당해 보일지는 모르나 때로는 너무나 가혹한 나머지 학생에게 사회 질서와 책임을 배우게 하는 장이 되지 못한다. 따라서 논리적 결과를 적용할 때 '학생에게 합리적으로 받아들여질 수 있는 결과인가?'를 점검해 볼 필요가 있다.

⑷ 도움(Helpful)

논리적 결과는 결국 문제해결에 도움이 되는 것이라야 한다. 앞서 제시한 3R(관련성, 존중, 합리성)을 모두 충족했다고 할지라도 문제해결에 도움이 되지 못한다면 그것은 좋은 논리적 결과라고 할 수 없다. 예컨대 체육 시간에 준비운동을 소홀히 하는 학생들이 있다고 하자. 교사와 학생들은 준비운동을 충분히 할 때까지 체육 활동에 참여할 수 없도록 하는 것에 합의했다. 서로 존중하는 분위기에서 결과의 관련성과 합리성에 함께 동의하였다. 다시 말해 3R이 모두 충족된 결과였다. 그러나 여전히 준비운동에 제대로 참여하지 않은 학생들이 존재했다. 몇몇 학생은 체육 시간 자체를 싫어해서 차라리 체육 활동에 참여하지 않고 옆에 앉아 있는 것을 더 선호했기 때문이었다. 논리적 결과는 준비운동을 소홀히 하는 문제에 별다른 도움이 되지 못했을 뿐만 아니라 수업 불참이라는 또 다른 문제를 낳았다. 교사와 학생들은 이번 논리적 결과가 문제해결에 도움이 되지 못함을 인정하고 다른 논리적 결과를 찾아보기로 하였다. 이 사례에 나타난 것처럼 3R을 충족한 논리적 결과라고 할지라도 정작 문제해결에 도움이 되지 못한다면 그것을 재고해 보아야 한다. 따라서 논리적 결과를 제안하는 과정에서 '이것이 문제해결에 도움이 되는가?'를 살펴볼 필요가 있다.

〈표 7–5〉 논리적 결과의 평가 기준, 3R 1H

관련성(Related)	• 학생의 행동과 논리적인 관련이 있는가?
존중(Respectful)	• 서로 존중하는 방식으로 이루어지고 있는가?
합리성(Reasonable)	• 학생에게 합리적으로 받아들여질 수 있는 결과인가?
도움(Helpful)	• 문제해결에 도움이 되는가?

4. 학급회의를 통한 논리적 결과

논리적 결과는 가능하면 학급회의를 통해 결정하는 것이 권장된다. 학급 안에서 나타나는 문제는 여러 학생과 얽혀 있는 경우가 대부분이기 때문이다. 또한 한 학생만의 문제로 보일지라도 결국 학급 전체의 분위기에 중요한 영향을 미칠 때가 많다. 이 경우 한 학생의 문제가 아닌 학급 전체의 문제 중 일부로 보는 것이 바람직하다.

따라서 소수 학생의 문제라고 할지라도 학급 구성원 전체가 참여하는 토의 과정을 거쳐 논리적 결과를 결정하는 것이 좋다.

학급회의를 통해 논리적 결과를 결정하는 것은 몇 가지 중요한 장점이 있다. 먼저 학급 구성원 모두가 참여하므로 다양하고 창의적인 아이디어가 도출될 수 있다. 경험해 보면 알겠지만 논리적 결과를 적용하려고 해도 마땅한 아이디어가 떠오르지 않아 난감할 때가 상당히 많다. 학급회의는 학급 구성원 전체가 머리를 맞대고 함께 생각하는 과정을 거친다. 그 과정에서 다양한 아이디어가 자연스럽게 오고간다. 이를 통해 보다 창의적이고 정교한 논리적 결과를 얻어 낼 가능성이 높아진다. 학급회의의 또 다른 장점은 학생들이 결정된 결과에 보다 강한 책임감을 갖게 된다는 점이다. 논리적 결과를 결정하기까지 모든 학급 구성원이 참여하여 협력하고 합의하는 과정을 거치기 때문이다. 끝으로 한 번 정해 놓은 논리적 결과는 특별한 상황이 아니라면 모든 학생에게 공통적으로 적용할 수 있다는 점에서 효율적이라 할 수 있다.

학급회의에서 논리적 결과의 결정은 다음과 같은 과정을 통해 이루어질 수 있을 것이다. 먼저 문제를 느낀 학급 구성원이 학급회의 안건 상정을 통해 문제를 제기한다. 문제 제기는 학생뿐만 아니라 교사를 통해서도 이루어질 수 있다. 학급회의가 열리면 문제를 제기한 사람이 문제 상황을 설명하며 모두가 문제를 공유한다. 비슷한 경험을 한 다른 구성원의 이야기를 들어 볼 수도 있다. 문제에 대해 모두가 인지했으면 문제해결을 위한 탐색 단계로 넘어간다. 브레인스토밍을 사용하는 것은 다양한 해결 방안을 탐색하는 데 큰 도움이 될 것이다. 탐색을 통해 제안된 각각의 안에 대해 앞서 설명하였던 3R 1H(관련성, 존중, 합리성, 도움)로 평가하는 시간을 갖는다. 평가 후 가장 적합하다고 판단되는 안을 논리적 결과로 선정한다. 결정된 논리적 결과를 실제로 적용해 본 후 다음 회의에서 적용결과에 대해 평가하는 시간을 갖는다. 적용에 문제가 없다면 앞으로도 계속 유지하기로 하면 될 것이다. 만약 문제가 있다고 여겨진다면 다시 새로운 대안을 탐색하여 결정한다. 이상의 과정은 [그림 7-2]와 같이 정리할 수 있다.

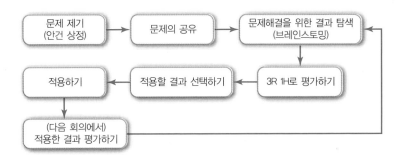

[그림 7-2] 학급회의에서 논리적 결과를 결정하는 절차

참고문헌

Dinkmeyer, D., McKay, G., & Dinkmeyer, D., Jr. (2000). *Systematic training for effective teaching (STET): Teacher's handbook.* Coral Springs, FL: CMTI Press.

Dinkmeyer, D., Jr., & Carson, J. (2006). *Consultation: Creating school-based interventions.* New York: Routledge.

Dreikurs, R., Cassel, P., & Ferguson, E. D. (2004). *Discipline without tears: How to reduce conflict and establish cooperation in the classroom* (Rev. ed.). Canada: Wiley.

Dreikurs, R., Grunwald, B. B., & Pepper, F. C. (1998). *Maintaining sanity in the classroom: Classroom management techniques* (2nd ed.). Philadelphia, PA: Accelerated Development.

Dreikurs, R., & Soltz, V. (1964). *Children: The challenge.* New York: Hawthorn.

Lew, A., & Bettner, L. B. (1998). *Responsibility in the classroom: A teacher's guide to understanding and motivating students.* Newton Centre, MA: Connexions Press.

Mosak, H. H., & Maniacci, M. (2011). Adlerian Psychotherapy. In R. J. Corsini & D. Wedding (Eds.), *Current Psychotherapies* (9th ed., pp. 67-112). Belmont, CA: Brooks/Cole.

Nelson, J., & Gfroerer, K. (2017). *Positive discipline: Tools for teachers.* New York: Harmony.

Nelson, J., Lott, L., & Glenn, J. A. (2014). 학급긍정훈육법: 친절하며 단호한 교사의 비법 [*Positive discipline in the classroom: Developing mutual respect, cooperation, and responsibility in your classroom* (4th ed.)] (김성환, 강소현, 정유진 역) 서울: 에듀니티. (원전은 2013에 출판)

제8장

학급회의

"학급회의는 학생들에게 사회질서와 민주주의 원리를 가르치는 최선의 방법이다."

– Lew & Bettner(1998) –

아들러 심리학이 지향하는 민주적인 교실은 모든 학급 구성원들의 평등을 전제로 한다. 학급 구성원에는 학생은 물론 교사도 포함된다. 따라서 교사와 학생들은 학급 안에서 서로 동등한 권리를 갖는다. 권리뿐만 아니라 학급에 대한 책임도 서로 동등하게 부여된다. 이에 따라 민주적 교실에서는 학급 일을 결정할 권리와 그에 대한 책임이 교사에게만 편중되지 않는다. 학급 일에 대한 책임은 모든 구성원들에게 공유되며, 함께 뜻을 모아 학급 일을 결정한다.

이러한 과정이 가장 적절하게 이루어질 수 있는 장이 바로 학급회의이다. 학급회의를 통해 학생들은 학급 일을 공유하며 그에 대한 책임을 함께 나눈다. 이를 토대로 함께 의견을 모아 일치된 해결점에 도달한다. 학급회의는 학급에서 의사를 결정하는 가장 민주적인 수단으로 민주적인 교실 분위기를 유지하는 데 핵심 기능을 담당한다. 따라서 학급회의에 참여하는 것은 민주적 교실의 구성원에게 가장 소중한 권리이자 의무이다. 한편 민주적 교실의 리더로서 교사에게는 학급회의를 성실히 이끌 책임이 따른다. 따라서 교사에게는 학급회의를 통해 학급의 문제들을 다루려는 적극적인 의지와 함께 학급회의를 능숙하게 이끌 수 있는 능력이 요구된다.

민주적 분위기의 중요성을 강조하는 아들러 심리학은 교사들에게 정기적인 학급회의를 실천할 것을 강력히 권장한다. 아들러 심리학에 이론적 기반을 둔 여러 학자는 학급회의의 운영에 대한 구체적인 지침을 제시해 왔다(예: Dinkmeyer, McKay, & Dinkmeyer, 2000; Dreikurs, Cassel, & Ferguson, 2004; Dreikurs, Grunwald, & Pepper, 1998; Nelson, Lott, & Glenn, 2014; Lasala, Mcvittie, & Smitha, 2015). 여기에서는 먼저 학급회의의 기능과 이점에 대해 살펴본 다음, 학급회의를 위한 구체적인 운영 지침을 제시하고자 한다.

1. 학급회의의 기능

아들러 심리학에서 제시하는 학급회의의 기능은 크게 네 가지로 정리될 수 있다. 바로 학급 규칙 세우기, 문제해결하기, 계획하기, 격려와 감사 나누기 등이다(Dinkmeyer et al., 2000;, Lasala et al., 2015; Lew & Bettner, 1998). 각각에 대한 구체적인 설명은 다음과 같다.

1) 학급 규칙 세우기

공동체의 질서는 함께 규칙을 세우고 그 규칙을 다 같이 준수하려는 노력을 통해 유지된다. 따라서 함께 더불어 살아가는 삶에서 규칙은 필수적이다. 학급도 하나의 공동체로서 규칙이 필요하다. 규칙의 부재는 학급 분위기를 해치는 중요한 위험 요소로 작용한다.

전제적인 방식으로 교사가 학급을 통제하는 분위기에서는 교사가 곧 규칙이 된다. 학생들은 규칙을 잘 지키는 것처럼 보일지 모르나 학생들을 움직이는 힘은 학생들 안에서 자발적으로 나온 것이 아니다. 학생들은 교사의 권위와 두려움에 못 이겨 규칙을 따를 뿐이다. 만약 교사가 없다면 학생들은 규칙을 지켜야 할 이유를 느끼지 못한다. 교사가 없는 학급은 이내 질서를 잃어버리고 만다.

민주적인 교실에서는 모두가 함께 규칙을 만든다. 학생들은 그 규칙에 강한 책임감을 느끼며 자발적으로 준수하려고 노력한다. 규칙을 세우는 과정에 자신이 직접 참여하였기 때문이다. 이에 따라 민주적인 학급에서는 교사가 한동안 없더라도 질서가 잘 유지된다. 이처럼 학급 규칙을 만드는 데 모든 구성원이 참여하는 과정을 거치는 것은 학급 질서를 유지하는 중요한 밑거름이 된다.

학급 규칙을 세우고 관리하는 이상적인 장이 바로 학급회의이다. 학급회의는 모든 학급 구성원이 참여하여 함께 뜻을 나누고 모으는 자리이기 때문이다. 따라서 학년 초기의 학급회의에서는 무엇보다도 학급 규칙을 세우는 것에 중점을 두는 것이 바람직하다. 또한 이후의 학급회의에서도 학급 규칙의 타당성을 점검하고 여건에 맞게 개정하는 과정이 정기적으로 이루어지는 것이 좋다.

학급 규칙을 세우기에 앞서 다음과 같은 질문을 통해 학생들에게 토의를 유도하는 것이 도움이 될 수 있다(Lew & Bettner, 1998).

- "규칙이 없다면 어떤 일이 일어날까요?"
- "어떤 상황에서 규칙이 도움이 될까요?"
- "규칙은 언제 방해가 되나요?"
- "규칙이 불공평하다고 생각된다면 여러분은 무엇을 할 수 있을까요?"

이러한 토의는 학생으로 하여금 규칙의 중요성에 대해 다시 생각해 보게 하고, 학급 규칙을 만드는 과정에 보다 적극적으로 참여하려는 의지를 북돋을 것이다.

어떠한 규칙들이 만들어지건 간에 다음의 두 가지는 학급 규칙에 꼭 반영되는 것이 좋다(Lew & Bettner, 1998). 이는 아들러 심리학에서 강조하는 공동체 삶의 기본 원리이다.

- 자신과 타인 존중하기
- 서로 돕기

2) 문제해결하기

문제해결은 학급회의의 가장 핵심 기능이다. 일반적으로 학급회의 중 가장 많은 시간이 학급에서 일어난 문제를 해결하는 데 쓰인다. 학급회의에서 문제해결은 책임의 공유와 협력을 기본 전제로 한다. 즉, 학급에서 일어나는 문제에 모든 구성원이 책임을 느끼고 서로 협력했을 때 가장 효과적으로 문제를 해결할 수 있다는 것이다([그림 8-1] 참조).

학급 전반에 걸쳐 있는 문제는 물론 학급 구성원 간의 개인적인 갈등도 학급회의에서 다루어지는 것이 권장된다(Lasala et al., 2015). 당장은 개인 간의 문제로 보일지라도 학급 전체에 큰 영향을 미칠 수 있기 때문이다. 학급 구성원 간의 갈등을 학급회의에서 해결하는 것은 당사자 간의 관계 개선뿐 아니라 학급 전체에도 긍정적인 분위기를 가져다줄 수 있다.

개인적인 고민도 당사자가 원한다면 학급회의를 통해 도움을 받을 기회를 주는 것이 좋다(Lasala et al., 2015). 비단 학생 한 명이라 할지라도 엄연한 학급의 구성원으로서 다른 구성원들과 상호작용하며 학급에 대한 영향력을 갖기 때문이다. 따라서 학생 개인의 문제가 중요한 학급 문제가 될 수 있으며, 이러한 문제를 학급회의를 통해 다루는 것이 학급 전체에도 도움이 될 수 있다. 또한 개인적인 문제를 학급회의에서 다루는 것은 학생 간에 서로 도움을 주고받는 경험을 촉진시킨다. 이러한 경험은 학급 응집력을 강화하고 서로 협력하는 학급 분위기를 끌어올리는 데 기여한다.

학급회의에서 문제해결 과정에 참여해 본 학생들은 다음과 같은 소감을 내놓곤 한다(Dreikurs et al., 2004).

- "우리의 고민을 함께 나눈다는 것은 좋은 일이다."
- "이해를 받고 도움을 받는다는 것은 기분 좋은 일이다."
- "다른 사람을 도울 수 있다는 것은 기분이 좋다."
- "30명의 머리가 한 명보다는 낫다."
- "우리는 우리 자신의 문제점을 해결하는 법을 배웠다."
- "우리는 지금 전보다 더 많은 자신감을 느낀다."

[그림 8-1] 학급회의에서 문제해결의 과정

3) 계획하기

이따금씩 학급에 있을 중요한 일을 준비하기 위해 구체적인 계획이 필요할 때가 있다. 예컨대 학예회가 다가온다면 무슨 공연을 할지, 역할을 어떻게 나눌지, 언제 어디에서 얼마나 연습할지에 대한 구체적인 계획이 세워져야 한다. 이러한 계획 역시 교사 혼자 결정하는 것보다 학급회의를 통해 모두가 함께 의논하는 것이 바람직하다. 계획을 세우는 일도 하나의 의사결정 과정으로, 그 과정에 직접 참여하였을 때 학생들은 보다 강한 책임감을 가지고 임하기 때문이다. 따라서 현장 체험 학습, 수학여행, 학예회 등과 같은 중요한 일이 예정되어 있다면, 그것에 대한 구체적인 계획을 세울 시간이 학급회의에서 확보될 필요가 있다(Lew & Bettner, 1998).

4) 격려와 감사 나누기

일반적인 학급회의에서 비난이나 불평은 심심치 않게 일어나는 일이다. 그러나 서로에 대한 비난이나 학급에 대한 불평은 발전적인 문제해결 과정을 이끄는 데 그다지 도움이 되지 못한다. 오히려 모두를 불쾌한 감정에 휩싸이게 하기 십상이다. 이러한 분위기에서 서로 협력하고 학급에 공헌하려는 모습을 기대하기란 쉽지 않다.

반면 서로를 존중하는 태도는 함께 협력하고 공헌하려는 분위기로 이어진다. 또한 불쾌한 감정보다는 긍정적인 감정으로 학급회의에 참여했을 때 문제에 대한 해결 가능성을 높인다. 긍정적인 정서가 학생들의 사고를 유연하게 확장시켜 보다 창의적이고 효율적인 방식으로 문제해결을 가능하게 하기 때문이다(Fredrickson, 1998; Isen, 2008). 따라서 학급회의가 진행되는 동안 서로 존중하는 태도와 긍정적인 감정이 유지되도록 하는 것은 건설적인 문제해결에 상당히 중요한 영향을 미친다.

아들러 심리학은 학급회의의 첫 단계에서 서로 격려하고 감사하는 시간을 가질 것을 권장한다. 함께 격려와 감사를 주고받음으로써 학생들은 긍정적인 마음으로 회의에 참여할 수 있기 때문이다(Lasala et al., 2015). 또한 격려와 감사는 학생들의 소속감을 강화하며 서로 존중하고 협력하는 분위기를 촉진한다. 이러한 분위기 속에서 비난과 불평은 자연스럽게 줄어든다. 그 대신 건설적인 문제해결을 위해 함께 힘을 모아 노력한다. 따라서 회의 시작 단계에서 모든 구성원이 돌아가며 다른 구성원들을 격려하고 감사를 표현하는 말을 나누는 것은 전반적인 회의 분위기와 문제해결에 긍정적인 영향을 미치는 매우 중요한 과정이라 할 수 있다.

서로에 대한 격려와 감사는 꼭 학급회의 첫 단계에서만 국한될 필요는 없다. 문제해결이나 계획하기에서도 격려와 감사는 얼마든지 일어날 수 있다(Dinkmeyer et al., 2000). 예컨대 어떤 학생이 문제해결을 위한 아이디어를 내놓았다면 "좋은 방법이네." "우리 반에 도움이 될 것 같아." "내 문제에 도움을 주어서 고마워." 등과 같이 격려나 감사를 표현할 수 있을 것이다. 이는 구성원들의 긍정적인 감정과 서로 협력하는 분위기를 촉진시킨다. 따라서 학급회의 전반에 걸쳐 기회가 될 때마다 서로에 대한 격려와 감사를 표현하는 것은 적극적으로 권장될 필요가 있다.

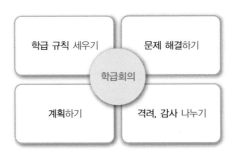

[그림 8-2] 학급회의의 기능

2. 학급회의의 이점

여느 민주적인 의사결정 과정이 그러하듯이 학급회의는 구성원들의 많은 노력과 인내가 필요하다. 때로는 교사는 물론 학생들마저도 '굳이 이렇게까지 해야 하나? 그냥 교사 혼자 결정하면 정말 편할 텐데……'라는 생각을 하곤 한다. 그럼에도 학급회의는 반드시 해야 할 만한 가치가 있다. 학급회의는 그 과정에서 느껴지는 번거로움 이상의 이점을 학급과 그 안에 속한 학생들과 교사에게 가져다준다. 여기에서는 학급회의가 가져다주는 이점을 학급, 학생, 교사로 나누어 살펴보기로 한다.

1) 학급에 주는 이점

(1) 학급 문제의 효과적인 해결

앞서 "30명의 머리가 한 명보다는 낫다(Dreikurs et al., 2004)"는 말을 보았을 것이다. 이는 혼자보다는 여러 명이 함께 머리를 맞대었을 때 더 좋은 생각에 다다를 수 있음을 의미한다. 학급 일도 마찬가지이다. 교사 혼자 고심하는 것보다 학급 전체가 함께 생각했을 때 더 지혜로운 결과를 얻을 가능성이 높아진다. 이를 위한 자리가 바로 학급회의이다. 학급회의는 다양한 의견을 서로 공유하는 기회를 제공하여 보다 효과적인 문제해결을 가능하게 한다(Dreikurs et al., 1998).

(2) 학급 응집력과 소속감의 강화

학급 구성원들은 학급회의에서 학급 문제에 대한 책임을 함께 나눈다. 또한 공유된 책임을 바탕으로 문제해결을 위해 협력한다. 이러한 과정을 통해 학급 구성원들은 서로 결속됨을 느낀다. 또한 개인의 문제를 서로에게 개방하고 그에 대한 도움을 주고받는 경험은 서로에 대한 이해와 지지를 촉진한다(Dreikurs et al., 1998). 이처럼 학급회의는 구성원들의 긍정적인 관계를 강화시켜 학급의 응집력을 높인다. 이러한 응집력을 바탕으로 학생들은 학급에 보다 강한 소속감을 느낀다. 강화된 응집력과 소속감은 구성원 간의 협력과 학급에 대한 공헌을 촉진시키는 중요한 기반으로 작용한다.

2) 학생에게 주는 이점

(1) 민주주의교육

"자주적인 생활 능력과 민주시민으로서 필요한 자질을 갖추게 하는" 것은 우리나라 「교육기본법」에 명시된 교육 목적이다. 이러한 자질의 함양은 그것의 원리를 이해하는 것만으로는 부족하다. 그에 대한 실천을 반드시 경험해야 한다. 민주시민의 자질은 민주주의에 대한 직접 체험을 통해 가장 탄탄하게 길러질 수 있는 것이다. 학급회의는 민주주의가 실제로 일어나는 자리이다. 학생들은 학급회의를 통해 민주적인 의사결정 과정을 몸소 체험한다. 이를 통해 민주주의의 중요성을 깨닫고 민주주의의 과정을 배운다. 민주주의를 직접 경험할 수 있게 하는 학급회의는 민주시민의 자질을 기를 수 있는 가장 이상적인 장이라 할 수 있다.

(2) 사회정서 기술

함께 더불어 살아가는 공동체의 삶에서 사회정서 기술을 능숙하게 갖추는 것은 매우 중요하다. 사회정서 기술은 자신의 감정 이해와 표현, 타인에 대한 공감과 존중, 책임 있는 의사결정, 자기 관리, 의사소통 기술, 협력, 도움 주고받는 능력 등을 포괄한다(Zins, Bloodworth, Weissberg, & Walberg, 2004). 이러한 사회정서 기술은 가르친다고 해서 하루아침에 쉽게 얻을 수 있는 능력이 아니다. 충분한 습득을 위해서는 꾸준한 연습이 동반되어야 한다. 학급회의는 사회정서 기술을 연습할 수 있는 훌륭한 실습 장소이다(Nelson & Gfroerer, 2017). 학급회의에서는 자신의 감정 표현, 타인에 대한 공감, 의사소통 기술, 협력 등의 다양한 사회정서 기술이 활발하게 사용되기 때문이다. 따라서 정기적인 학급회의는 사회정서 기술을 꾸준히 연습할 수 있는 장을 제공하여 학생들의 사회정서 기술의 발달에 기여한다.

(3) 사회적 관심

제1장에서 다루었듯이 아들러 심리학에서 '사회적 관심'은 개인과 공동체의 행복을 좌우하는 결정적인 요소로 간주된다. 사회적 관심은 타인과의 '협력'과 공동체에 대한 '공헌'을 통해 실천된다(Yang,

Milliren, & Blagen, 2009). 즉, 아들러 심리학의 관점에서 행복한 교실의 중요한 조건은 학생들이 높은 사회적 관심을 갖는 것이며, 그것은 서로 협력하고 학급에 공헌하려는 모습으로 나타난다. 학급회의는 서로 협력하여 의사를 결정하는 자리이다. 또한 학급공동체에 어떻게 공헌할지를 정하고 그에 대한 실천을 약속하는 곳이다. 정기적인 학급회의는 협력과 공헌을 자연스럽게 촉진시켜 학생들의 사회적 관심의 함양에 기여한다.

(4) Crucial Cs

정기적인 학급회의는 학생들의 Crucial Cs에도 긍정적인 영향을 미친다. 제3장에서 다루었듯이 Crucial Cs는 학생의 성장에 필수적인 네 가지 보호 요인을 말한다. 네 가지 보호 요인이란 관계(connect), 능력(capable), 중요(count), 용기(courage)를 일컫는다. 학급회의는 Crucial Cs를 건설적으로 충족시키는 데 필수적인 기술을 연마할 중요한 기회를 제공한다. 필수적인 기술이란 의사소통기술, 자기훈육, 책임, 판단력을 말한다(Lew & Bettner, 1998). 즉, 학급회의는 이 네 가지 필수 기술의 향상을 촉진하여 학생들의 Crucial Cs에 이바지한다. 구체적으로 살펴보면 의사소통 기술은 관계를, 자기훈육은 능력을, 책임은 자신에 대한 중요를, 판단력은 용기를 건설적으로 충족시키는 데 기여한다(Lew & Bettner, 1998). [그림 8-3]를 참고하면 이해에 더 도움이 될 것이다.

〈필수 기술〉 〈Crucial Cs〉

학급회의

• 의사소통기술 → • 관계(Connect)
• 자기훈육 → • 능력(Capable)
• 책임 → • 중요(Count)
• 판단력 → • 용기(Courage)

[그림 8-3] 학급회의와 Crucial Cs

3) 교사에게 주는 이점

학급회의를 정기적으로 운영하는 것은 교사에게 큰 부담으로 다가올 수 있다. 여러 일로 바쁜 교사의 하루를 생각해 보면 학급회의 자체가 묵직한 업무 가운데 하나로 느껴질 수 있을 것이다. 그러나 학급회의가 학생들에게 익숙해지면 학급회의는 오히려 교사의 일손을 덜어 주는 역할을 한다(Nelson & Gfroerer, 2017). 학급회의가 없었으면 교사 혼자서 처리해야 할 많은 일이 학급회의를 통해 해결될 수 있기 때문이다. 예컨대, 학급회의가 없다면 학생들은 사사건건 교사를 찾아 문제를 해결해 줄 것을 요구할 것이다(Dreikurs et al., 2004). "선생님, 지민이가 욕했어요." "선생님, 우리반 애들이 복도에서 자꾸 뛰어다녀요." "선생님, 주찬이가 실내화를 신고 운동장에 나갔어요." 등과 같이 말이다. 교사는 하루 종일 크고 작은 학급 문제에 시달릴 것이다. 그러나 학급회의가 정기적으로 이루어질 경우 위급한 상황만 아니라면 교사는 다음과 같이 말하고 넘어갈 수 있다. "학급회의에서 다루어 보도록 하자. 학급회의 안건으로 올려 보겠니?"

앞에서도 말했듯이 학급회의에서는 학급 구성원 전체가 함께 머리를 맞대므로 다양하고 창의적인 아이디어가 오간다. 따라서 교사 혼자서 문제에 대한 해결책을 고심하는 것보다 훨씬 효과적인 문제 해결을 가능하게 한다. 교사 혼자에게는 상당히 버거울 수 있는 일이 학급회의를 거치면 집단의 힘을 통해 보다 쉽게 해결될 수 있는 것이다.

또한 학급회의는 학생들의 문제 행동 교정 과정에 교사 혼자 노력하는 것보다 훨씬 더 큰 힘을 발휘할 수 있다. 학생들은 교사가 자신의 문제 행동을 지적하고 그에 대한 개선을 요구하는 것에 대해 잔소리, 설교, 꾸중 등으로 받아들일 때가 많다. 학생 마음에서는 교사에 대한 저항이 일어난다. 이 경우 문제 행동에 대한 근본적인 개선은 잘 나타나지 않을 뿐만 아니라 학생과 교사의 관계도 손상될 수 있다. 반면 학급회의에서 또래 간에 문제 행동에 대한 피드백을 주고받는 것은 상대적으로 저항이 덜 일어난다(Bitter, Sonstegard, & Pelonis, 2004). 같은 내용이라도 교사로부터는 설교로 느껴지는 것이 또래들로부터는 좋은 조언으로 들릴 수 있는 것이다(Nelson & Gfroerer, 2017). 또한 학급회의 안에서 여러 사람의 의견이 모아지는 것은 집단 압력이라는 강한 힘을 만들어 낸다. 만약 문제 행동에 대한 개선 요구가 여러 학생에 의해 일관되게 제기된다면 문제 행동의 당사자는 개선에 대한 강한 압력을 느낄 것이다. 또래 집단 압력은 교사 개인의 힘보다 훨씬 강하다.

3. 운영의 실제

막상 학급회의를 시작하려고 한다면 운영 방법에 대한 여러 고민
이 들 것이다. 예컨대 '언제 학급회의를 하는 것이 좋을까, 회의 주
제는 어떻게 선정할 것인가, 자리는 어떻게 앉는 것이 효과적일까,
회의 진행은 누가 할 것인가' 등 여러 의문이 머리를 가득 채울 것이
다. 물론 상당수의 의문은 시행착오를 통해 자연스럽게 해결될 수
있다. 그러나 구체적인 운영 지침이 미리 제공된다면 시행착오를 줄
이면서 보다 내실 있는 학급회의가 이루어질 수 있을 것이다. 여기
에서는 학급회의 운영에 권장되는 몇 가지 지침을 살펴보고자 한다.

1) 정기적인 개최

학급회의는 가능하면 정기적으로 이루어지는 것이 바람직하다.
특정 시간을 정하여 일주일에 한 번씩 운영되는 것이 권장된다. 이
를테면 금요일 5교시를 학급회의 시간으로 정하여 매주 한 시간씩
운영할 수 있다. 학급 시간표에 학급회의를 명시하여 그 시간에는
반드시 학급회의가 개최된다는 것을 학생들이 인식하게 하는 것은
매우 중요하다(Dreikurs et al., 2004).

만약 학급회의가 정기적으로 이루어지지 않는다면 학생들은 문제
가 생길 때마다 번번이 교사를 찾아올 가능성이 높다. 문제해결을
위해 언제 있을지 모를 학급회의를 마냥 기다릴 수 없기 때문이다.
반면 언제 학급회의가 개최되는지 학생들이 잘 알고 있다면 교사를

찾는 일이 줄어들 것이다. 학급회의에서 효과적으로 문제가 해결될 수 있으므로 학급회의까지 충분히 기다릴 수 있기 때문이다. 급한 문제가 아니라면 학생들은 교사를 찾는 대신 학급회의 안건에 자신의 문제를 올리고 학급회의를 기다릴 것이다(Dreikurs et al., 2004).

안건을 올리고 학급회의를 기다리는 동안 자연스럽게 문제가 해결되거나, 자신의 힘으로 직접 문제를 해결하는 경우도 상당히 많다(Nelson et al., 2014). 이처럼 스스로 문제를 해결할 기회를 갖게 하는 것은 정기적인 학급회의의 중요한 장점 가운데 하나이다. 정기적인 학급회의의 또 다른 장점은 문제를 다루기에 앞서 부정적인 감정이 가라앉을 시간을 준다는 점이다. 시간이 지남에 따라 부정적인 감정이 누그러지게 마련이므로 학생들은 학급회의에서 보다 이성적으로 자신의 문제에 접근할 수 있게 된다.

2) 안건 상정

안건의 상정은 학교 일과 도중에 수시로 이루어질 수 있도록 하는 것이 권장된다. 학급회의 시간이 되어서야 안건을 모은다면 자칫 중요한 문제를 놓쳐 버릴 수도 있기 때문이다. 또한 문제가 발생했을 때 안건을 작성하여 올리게 하는 것은 그 문제로 인한 학생들의 부정적인 감정과 충동을 완화시켜 준다. 따라서 수업 시간과 같이 특별한 경우가 아니라면 어느 때나 안건을 올릴 기회가 제공되는 것이 바람직하다.

문제가 생길 때마다 교사에게 의존하려는 학생들의 태도도 안건을 작성하게 함으로써 줄어들게 할 수 있다. 만약 학생이 이러한 태도를 보인다면 교사는 다음과 같이 말해 볼 수 있을 것이다(Nelson et al., 2014).

"도움이 될 만한 해결 방법을 스스로 찾아내지 못하겠다면 학급회의에서 이야기해 보자꾸나. 그 문제를 회의에서 다루고 싶다면 안건으로 올리길 바란다."

이 학생은 그 문제를 학급회의에서 다루기 위해 안건을 올리든지 아니면 스스로 해결을 시도하든지 둘 중 하나를 선택하게 될 것이다. 둘 가운데 무엇을 선택하든지 간에 교사에게 의존하려는 것보다 훨씬 건설적인 방법이 될 것이다.

[그림 8-4]는 학급회의 안건을 정리할 수 있는 서식의 한 가지 예이다. 이를 참고하여 여건에 맞게 만들어 사용하면 도움이 될 것이다. '이 일에 대한 나의 감정'을 적게 한 까닭은 문제에 대한 학생의 감정을 이해했을 때 문제의 본질에 더 가까이 다가갈 수 있기 때문이다. '해결을 위해 내가 스스로 사용해 본 방법'을 적도록 한 이유는 간혹 학생들이 어떠한 노력도 없이 회의에만 의존하려는 경향을 보일 때가 있기 때문이다. 이것은 학급회의를 통해 문제를 다루기에 앞서 스스로 해결하려는 노력이 먼저 이루어져야 함을 학생에게 암시해 주는 역할을 한다.

학급회의 안건지					
안건 번호		올린 날짜		올린 사람	
〈안건 내용〉					
〈이 일에 대한 나의 감정〉					
〈해결을 위해 스스로 사용해 본 방법〉					
〈그 밖에 하고 싶은 말〉					

[그림 8-4] 학급회의 안건지의 예

학생들이 안건지를 다 채웠으면 약속된 장소에 순서대로 붙이게 하는 것이 좋다. 다른 학생들이 안건 내용을 회의 전에 미리 살펴볼 수 있으므로 원활한 회의 진행에 도움이 되기 때문이다. 학급회의에서는 안건지가 붙여진 순서대로 하나씩 안건을 다루면 될 것이다.

3) 동그랗게 둘러앉기

아들러 심리학에서는 학급회의를 진행할 때 동그랗게 둘러앉는 것을 추천한다(Dinkmeyer et al., 2000; Dreikurs et al., 1998). 교사도 학급 구성원 중 한 명으로서 학생들과 함께 원을 이루어 앉는 것이 바람직하다. 이러한 자리 배치는 모든 구성원이 서로 동등한 위치에서 회의에 참여하고 있음을 나타내 준다. 또한 사회적 평등에 근거한 상호 존중과 협력적인 분위기를 촉진한다. 이 밖에도 모든 구성원들이 서로 눈을 마주치며 의견을 나눌 수 있으므로 보다 활발한 의견 교류가 이루어질 수 있다.

모두가 동그랗게 둘러앉아 학급회의를 진행하는 것은 학급긍정훈육법과 회복적 생활교육에서도 적극적으로 권장하는 방식이다(경기도교육청, 2014; Nelson et al., 2014). 학급긍정훈육법과 회복적 생활교육 역시 민주적인 공동체를 추구한다는 점에서 아들러 심리학과 같은 곳을 지향함을 제1장에서 언급한 바 있다. 이들이 동그랗게 둘러앉는 것을 중시하는 것도 결국 아들러 심리학의 입장과 같은 이유에서다. 바로 원 모양의 자리는 모든 구성원의 평등을 상징하며 구성원들의 상호 존중을 촉진한다고 보기 때문이다(Beyer, 2016; Pranis, Stuart, & Wedge, 2003). 또한 모두가 하나로 연결되는 느낌을 가져다주어 소속감과 결속력을 높이고 서로에 대한 신뢰를 강화한다. 이를 통해 보다 솔직하게 자신의 마음을 표현할 수 있는 안전한 분위기가 형성될 수 있다. 이 밖에도 동그랗게 둘러앉는 것은 공유된 문제에 대해 모든 구성원의 책임감을 끌어올리는 데도 효과적이다.

특히 회복적 생활교육은 원 모양의 자리와 더불어 토킹스틱(talking stick)을 사용하여 회의를 진행할 것을 권장한다(Pranis et al., 2003; Umbreit, & Armour, 2010). 토킹스틱은 토킹피스(talking piece)로 일컬어지기도 하는데, 이는 곧 발언의 권리를 상징한다. 토킹스틱은 다른 사람이 보이도록 손에 들고 말할 수 있는 물건이라면 어느 것이든 사용이 가능하다. 예컨대 막대기, 볼펜, 물병, 마이크, 인형 등 주변에서 쉽게 구할 수 있는 물건을 토킹스틱으로 사용할 수 있다. 토킹스틱을 사용한 회의에서는 그것을 가지고 있는 사람에게만 발언이 허용된다. 그 사람은 누구의 간섭도 받지 않고 자신의 의견을 말할 수 있다. 나머지 구성원들에게는 토킹스틱을 지닌 사람을 적극적으로 경청할 의무가 부여된다. 충분히 발언한 다음에는 토킹스틱을 옆 사람에게 넘겨준다. 이와 같은 방식으로 모든 구성원에게 자신의 뜻을 충분히 표할 수 있는 공평한 기회가 주어진다. 학급회의 과정에서 모든 구성원의 의견을 충분히 들어볼 필요가 있는 상황이 생긴다면 토킹스틱을 활용하는 것이 도움이 될 것이다.

4) 회의 리더

처음에는 교사가 회의 진행을 주도하여야 할 것이다. 학생들은 대부분 회의에 참여하는 것만으로도 생소함을 느낄 터이므로 처음부터 학생에게 회의 진행을 맡기는 것은 무리가 있기 때문이다. 시간이 지나 학생들이 회의에 익숙해지면 학생들에게 학급회의 리더 역할을 맡겨 볼 수 있을 것이다. 가능하면 모든 학생이 회의 진행을 경험해 볼 수 있도록 리더의 역할을 돌아가며 맡는 것이 이상적이다 (Dinkmeyer et al., 2000; Dreikurs et al., 2004). 이는 학급 구성원 모두가 동등함을 느끼게 해 주고, 학급회의 참여에 대한 책임감을 강화시킨다. 또한 자신의 리더십을 발휘할 수 있는 가치 있는 기회를 모두가 경험해 볼 수 있다.

학생이 처음 리더를 맡게 된 상황이라면 교사는 그 학생의 옆에 앉아 필요할 때 도움을 줄 수 있다(Dinkmeyer et al., 2000). 이때 교사는 리더의 역할을 한 번씩 대신해 주는 것이 아니라 리더에 대한 조언자로서 행동하는 것이 중요하다. 예컨대 안건을 상정한 사람에게 "그때 어떤 감정이었는지 말해 주세요."라고 말하며 직접 개입하는 것이 아니라, 리더에게 "그때 어떤 감정이 들었는지 물어보겠니?"와 같이 옆에서 조언해 주는 것이 바람직하다.

리더뿐만 아니라 서기의 역할도 따로 정하여 회의 내용을 기록하게 하는 것이 좋다. 시간이 지나면 중요한 회의 결과도 기억에서 희미해지는 경우가 자주 발생하는데, 이때 서기가 기록해 놓은 회의 내용이 큰 도움이 될 수 있기 때문이다. 서기의 역할도 리더와 마찬가지로 서로 돌아가며 모두가 경험해 보는 것이 좋을 것이다.

5) 회의 규칙

처음부터 학생들이 학급회의에 능숙하게 참여하기는 상당히 어렵다. 교사가 예상했던 것보다 학생들은 회의 참여에 훨씬 큰 어려움을 겪을지 모른다. 이를 예방하기 위해서는 회의 참여에 대한 규칙이 사전에 마련되는 것이 좋다. 회의 규칙이 없이 학급회의가 이루어진다면 교사는 학생들의 참여 방식을 교정하는 데 많은 시간을 소비해야 할 것이다.

회의 규칙은 가능하면 모든 학생이 함께 만드는 것이 이상적이다. 학생들은 스스로 만든 규칙을 더 잘 기억하고 그것에 더 강한 책임을 느끼기 때문이다. 교사가 일방적으로 제시한 규칙은 학생들 스스로 만든 것에 비해 강한 효력을 발휘하기 어렵다. 따라서 정기적인 학급회의를 시작하기 전에 모든 학급 구성원과 함께 학급 규칙을 만드는 시간을 갖는 것은 매우 중요하다. 이렇게 만들어진 규칙은 회의 참여 태도에 대한 중요한 지침으로 기능한다.

또한 회의 규칙은 교사가 학생들의 참여 태도를 교정하는 데도 아주 유용하게 사용될 수 있다. 만약 회의 규칙이 없다면 학생들이 학급회의에서 부적절한 태도를 보였을 때 교사는 상당한 시간을 들여 교정을 시도하여야 할 것이다. 그러나 회의 규칙이 잘 마련되어 있다면 간단한 언급만으로도 효과적인 교정이 가능하다. 예컨대 학급회의에서 서로 비난하는 데 열을 올리고 있다면 교사는 다음과 같이 말할 수 있다. "지금의 태도는 우리가 함께 정한 회의 규칙에 어긋나는 것 같습니다. (회의 규칙이 써 붙어 있는 곳을 가리키며) 회의 규칙에 '서로를 비난하기보다 서로를 도울 수 있는 방법을 찾는다.'라고 써 있네요."

회의 규칙을 만드는 데 다음의 회의 참여 지침(Dreikurs et al., 1998)이 도움이 될 것이다. 이를 근간으로 하여 학생들과 함께 여건에 맞는 구체적인 회의 규칙을 구성해 볼 수 있다.

- 서로 돕기, 서로 상처 주지 않기
- 어떤 순서로 이야기할지를 정하고 모두에게 경청하기
- 신뢰와 상호 존중을 확립하기
- 서로 협력하기

6) 진행 절차

아들러 심리학을 기반으로 학급회의 방식을 구체적으로 구조화한 학급긍정훈육법은 네 단계의 학급회의 절차를 제안한다. 그 네 단계 절차는 "격려와 감사 나누기, 이전 해결책 확인하기, 안건 다루기, 계획하기"로 이루어진다(Lasala et al., 2015; Nelson et al., 2014). 한편 회의의 마무리 단계에서는 그 회의에 대한 자체적인 평가가 이루어질 필요가 있다(Dinkmeyer et al., 2000). 교육의 과정에는 늘 평가가 필수적으로 동반된다. 평가를 통해 교육 방법에 대한 문제를 점검하고 교육을 개선해 갈 수 있기 때문이다. 학급회의도 하나의 교육적인 과정으로 그것을 개선시켜 가기 위해서는 자체적인 평가가 이루어지는 것이 바람직하다(Dinkmeyer et al., 2000). 따라서 여기에서는 학급긍정훈육법에서 제안한 4단계 절차에 회의 평가 과정을 추가하여, 다섯 단계의 학급회의 진행 절차를 제시하고자 한다.

(1) 격려와 감사 나누기

앞에서도 다루었던 바와 같이 아들러 심리학에서는 서로 격려하고 감사를 나누는 것에서부터 회의를 시작할 것을 권장한다. 함께 격려와 감사를 주고받음으로써 학생들은 보다 긍정적인 마음으로 회의에 참여할 수 있기 때문이다. 격려와 감사를 통해 유발된 긍정적인 정서는 보다 창의적이고 효율적인 방식으로 문제해결을 가능하게 하며, 서로 존중하고 협력하는 분위기를 촉진시킨다

(Fredrickson, 1998; Isen, 2008; Lasala et al., 2015).

격려와 감사 나누기는 다양한 방법으로 시도할 수 있다. 가장 간단한 방법은 한 명씩 돌아가며 옆 사람에게 격려나 감사를 전달하는 것이다. 어떤 날은 오른쪽으로, 또 다른 날에는 왼쪽으로 돌아가는 방식으로 변화를 줄 수 있을 것이다. 이 방법에 익숙해지면 다음과 같이 다양한 방법을 고안하여 격려와 감사를 나누어 볼 수 있다(Lasala et al., 2015).

- 이름을 뽑고 그 사람에 대한 감사나 격려를 나눈다.
- 각자 한 명씩 이름을 뽑고 일주일이나 하루 동안 뽑은 친구를 관찰하며 감사하거나 격려할 것을 찾는다.
- 교실에 없는 사람을 격려한다.
- 지금까지 감사나 격려를 받지 못한 친구를 찾아서 감사를 표현하거나 격려한다.

격려와 감사 나누기를 처음 시작한다면 아마도 많은 학생이 어색해하거나 부끄러워할 것이다. 교사는 이 활동이 처음에는 조금 어색할 수 있음을 미리 알려 주는 것이 좋다. 또한 표현 방법에 대한 기본 틀을 만들어 칠판에나 벽에 붙여 두는 것도 좋은 방법이다. 이를테면 다음과 같이 격려와 감사 나누기의 기본 틀을 만들어 학생들에게 제시할 수 있다(Lasala et al., 2015).

- 감사나 격려를 표현할 때

"(이름)야, 난 네가 (구체적인 행동)해서 고마워/격려하고 싶어."
- 감사를 받을 때

"(이름)야, 나도 고마워."

간혹 학생들은 친구에게 직접 격려와 감사를 표현하는 것이 어색한 나머지 친구 대신 교사를 바라보며 "저는 세현이에게 고마워요. 왜냐하면 저에게 연필을 빌려주었거든요."라고 말할 때가 있다. 이보다는 친구를 직접 바라보고 "세현아, 어제 나에게 연필을 빌려주어서 고마워."라고 말하도록 하는 것이 더 효과적이다(Lasala et al., 2015).

때로 학생들은 비꼬는 투로 감사나 격려를 전달하기도 한다. 이른바 '위장 칭찬'이다. 위장 칭찬은 오히려 구성원 간의 관계와 학급 분위기를 해친다. 따라서 이에 대한 교사의 세심한 지도가 필요하다. 위장 칭찬의 구체적인 예는 다음과 같다(Lasala et al., 2015; Nelson et al., 2014).

- "지훈아, 난 네가 어제 날 도와줘서 고마워. 평소와 다르게 말이지."
- "원래 너는 좀 이기적인 애잖아? 그런데 사탕을 나눠 주다니. 정말 고마워."

(2) 이전 해결책 확인하기

이 단계는 이전 회의에서 결정된 해결책이 실제로 문제해결에 도움이 되었는지를 점검해 보는 단계이다. 이 과정이 필요한 까닭은 아무리 좋은 해결책이라고 여겨지더라도 실제 상황에서는 예기치 못한 한계를 드러낼 수 있기 때문이다. 만약 이전 해결책이 문제해결에 도움이 되지 못했다면 그 원인을 함께 찾아보고 그에 대한 대안을 찾는 과정이 이루어질 필요가 있을 것이다.

(3) 안건 다루기

안건 다루기는 안건으로 올라온 문제들을 함께 해결하는 과정으로 학급회의의 핵심이라 할 수 있다. 안건이 올라온 순서에 따라 하나씩 처리하는 것을 기본으로 하되, 문제의 심각성이나 긴급한 정도에 따라 순서를 변경할 수 있다. 물론 순서 변경에는 구성원들의 합의가 전제되어야 할 것이다.

때로는 안건으로 올렸던 문제가 학급회의 전에 해결되는 경우가 있다. 이미 해결된 안건을 굳이 학급회의에서 다룰 필요는 없다. 이러한 경우에는 안건을 올린 학생에게 그 문제가 어떻게 해결되었는지를 설명할 기회를 주는 것이 좋다(Nelson et al., 2014). 이는 실제로 효과가 있었던 문제해결 방법을 공유할 수 있는 의미 있는 시간이 될 것이다.

안건 다루기는 기본적으로 '문제 공유→해결 방안 탐색→해결책 선택'의 과정을 통해 이루어진다. 문제를 공유하기 위해 먼저 안건을 올린 사람이 자신이 제기한 문제에 대해 구체적으로 설명하도록 한다. 설명에는 안건지에 썼던 내용이 자세하게 드러나는 것이 좋을 것이다([그림 8-4] 참조). 이에 따라 문제에 대한 사실적인 정보는 물론 그 일에 대한 자신의 감정, 문제해결을 위한 자신의 노력이 함께 언급되도록 한다. 문제의 공유는 문제에 대한 설명을 모두가 경청함으로써 자연스럽게 이루어진다. 이 과정에서 문제에 관한 구체적인 질문과 응답이 오갈 할 기회를 제공할 필요가 있다. 문제에 대한 더 깊은 이해를 위해서이다. 또한 안건을 올린 학생에게 공감의 말을 전해 주면 더욱 좋을 것이다.

문제가 충분히 공유되었으면 해결 방안을 찾는 단계로 넘어간다. 해결 방안의 탐색은 모든 구성원이 서로 협력하고 도움을 주고받는 과정을 통해 이루어질 것을 권장한다. 브레인스토밍은 협력을 통해 다양하고 창의적인 아이디어를 이끌어 낼 수 있는 효과적인 방법이 될 수 있다.

해결책 선택은 탐색된 여러 해결 방안 가운데 가장 적절한 것을 고르는 단계이다. 여기서 선택된 해결책이 문제해결을 위해 실제로 적용된다. 해결책을 선택하는 데 도움이 될 좋은 방법 중 하나가 바로 '3R 1H'이다(Nelson & Gfroerer, 2017; Nelson et al., 2014). 3R 1H 는 제7장에서 논리적 결과를 평가하는 기준으로 소개된 바 있다. 이는 논리적 결과는 물론 일반적인 문제해결 방안을 평가하는 기준으로도 유용하게 사용될 수 있다. 제7장에서 제시했듯이 3R 1H는 해결 방안이 문제와 관련이 있고(Related), 서로 존중하는 방식으로 이루어지며(Respectful), 합리적으로 받아들여질 수 있고(Reasonble),

문제해결에 도움이 되는지(Helpful)를 점검하는 평가 기준이다. 여러 가지 해결 방안이 탐색되었다면 3R 1H를 사용하여 각각의 안을 평가해 보고, 그 가운데 3R 1H의 평가 기준을 가장 잘 충족시키는 것을 실제 적용할 해결책으로 선택하면 될 것이다.

(4) 계획하기

계획하기는 앞으로 있을 학급활동에 대한 구체적인 계획을 함께 의논하는 과정이다. 예컨대 현장체험학습이 곧 다가온다고 할 때 버스 자리 배치는 어떻게 할지, 놀이 시간에는 무엇을 할지 등에 대한 계획을 세우는 것이다. 이처럼 계획하기는 현장체험학습, 수학여행, 학예회, 생일 파티 등과 같이 구체적인 계획이 필요한 행사나 학급 일을 앞에 두고 있을 때 학급회의 안에서 이루어지는 과정이다. 만약 특별히 계획할 거리가 없으면 이 과정은 생략할 수 있다.

(5) 회의 평가하기

학급회의의 마무리는 그 회의에 대한 자체 평가를 끝으로 이루어진다. 이 과정에서는 회의 참여 태도나 회의 방식에 대해 스스로 평가하는 시간을 갖는다. 예컨대 이번 회의에서 회의 규칙을 잘 따랐는지, 회의 방식에 개선할 점은 없는지 등을 함께 점검해 보는 것이다. 구체적인 평가 항목의 예를 제시하면 다음과 같다(Dinkmeyer et al., 2000).

- 학급회의에서 우리가 특히 잘한 점은 무엇인가?
- 학급회의에서 우리가 특히 개선해야 할 점은 무엇인가?
- 모든 사람이 참여하였는가?
- 우리는 어떤 방법으로 이야기하는가?
- 우리는 회의 규칙을 따르고 있는가?
- 우리가 항상 따르지 못하는 회의 규칙이 있는가?
- 다음 회의에서 우리는 어떠한 개선을 기대할 수 있는가?

〈표 8-1〉 학급회의 진행 절차

단계	단계별 지침
1. 격려와 감사나누기	• 기본 방법 - 원으로 둘러앉은 상태에서 한 방향으로 돌아가며 다음과 같이 옆 사람에게 격려나 감사 전달하기 "○○야, 난 네가 (구체적인 행동)해서 고마워/격려하고 싶어." "○○야, 나도 고마워." • 비꼬는 투로 감사나 격려를 전달하지 않도록 지도한다. 예) "이기적인 네가 이렇게 사탕을 나눠 주다니. 정말 고마워."
2. 이전 해결책 확인하기	• 이전 회의에서 결정된 해결책이 실제로 문제해결에 도움이 되었는지를 점검해 보는 단계 • 만약 이전 해결책이 문제해결에 도움이 되지 못했다면 그 원인을 함께 찾아보고 그에 대한 대안을 재탐색한다.
3. 안건 다루기	• 올라온 순서에 따라 안건을 차례대로 다룬다. (구성원들의 합의하에 순서 변경 가능) • 학급회의 전에 안건이 이미 해결되었다면 안건을 올린 사람에게 어떻게 해결되었는지를 설명할 기회를 준다. • 안건 다루기의 기본 절차: 문제 공유 → 해결 방안 탐색 → 해결책 선택

3. 안건 다루기	① 문제 공유 • 안건을 올린 사람이 문제에 대해 설명함 　(사실 정보, 자신의 감정, 문제해결에 대한 자신의 노력) • 다른 사람들은 문제에 대한 설명을 경청하고 공감을 　표현한다. • 문제에 대한 이해를 높일 수 있도록 질문과 답변의 　시간을 갖는다. ② 해결 방안 탐색 • 서로 협력하고 도움을 주고받는 과정을 통해 해결 방 　안을 탐색한다. • 브레인스토밍 권장 ③ 해결책 선택 • 탐색된 해결 방안 가운데 가장 적절한 것을 선택한다. • 3R 1H (관련성, 존중, 합리성, 도움) 평가 기준 권장
4. 계획하기	• 앞으로 있을 학급 활동에 대한 구체적인 계획을 함께 의 　논하는 단계 • 특별히 계획할 거리가 없으면 생략 가능
5. 회의 평가하기	• 회의 참여 태도나 회의 방식에 대해 스스로 평가하는 단계 • 이번 회의에서 회의 규칙을 잘 따랐는지, 회의 방식에 개 　선할 점은 없는지 등을 함께 점검한다.

7) 건설적인 학급회의를 위한 유의사항

끝으로 건설적인 학급회의를 위한 몇 가지 유의사항(Dinkmeyer et al., 2000)을 제시하며 이 장을 마무리하고자 한다.

(1) 시간제한에 주의하라

학교 일정 중에 학급회의를 위해 쓸 수 있는 시간은 그리 많지 않다. 이에 반해 학급에서 문제는 끊임없이 일어나며 많은 학생이 다양한 문제를 학급회의 안건으로 올린다. 때로는 여러 미해결 안건이 쌓여있음에도 한 회기의 학급회의에서 안건 하나에 매달려 모든 시간을 사용해 버릴 때도 있다.

모든 안건이 학급회의를 통해 적시에 해결될 수 있으려면 효율적인 시간 사용이 필수적이다. 이는 시간 부족을 이유로 충분한 논의를 거치지 않은 채 문제를 적당히 넘기라는 말은 결코 아니다. 많은 시간이 필요한 문제라면 그만큼의 시간을 들여 문제를 다루어야 할 것이다. 그러나 소중한 학급회의 시간이 무익한 일로 낭비될 때가 적지 않다. 이를테면 사적인 잡담, 감정에 치우친 언쟁, 건설적이지 못한 비난과 불평 등이 그렇다. 이러한 일만 줄여도 학급회의 시간을 아끼는 데 큰 도움이 될 것이다.

효율적인 학급회의 진행을 위해서는 회의 도중 간간이 시간이 제한되어 있음을 알릴 필요가 있다. 학생들이 문제해결의 중요성과 시간의 한계를 동시에 느낀다면 시간 낭비를 줄이기 위해 노력할 것이다(Dinkmeyer et al., 2000). 이는 학생들로 하여금 학급회의에 보다 집중하게 하여 더욱 효율적이고 건설적인 회의로 이끌 것이다.

(2) 회의를 건너뛰지 말라

예정된 학급회의는 특별한 경우를 제외하면 반드시 개최되어야 한다. 자신의 문제를 해결하기 위해 학급회의만을 간절히 기다리는 학생이 있을 수 있음을 명심할 필요가 있다. 만약 학급회의가 자주

취소된다면 학생들은 자신이 제기한 문제가 언제 학급회의에서 다루어질 수 있을지 예상할 수 없게 된다. 이렇게 되면 문제가 발생했을 때 학생들은 더 이상 학급회의를 기다리지 못한다. 안건을 올려보아야 한참 뒤에나 겨우 문제가 다루어질 것이기 때문이다. 학급회의에 대한 신뢰를 잃은 학생은 문제가 일어나면 더 이상 학급회의에 안건을 올리지 않을 것이다. 그 대신 교사에게 찾아와 자신의 문제를 토로하기 시작할 것이다.

(3) 개인적으로 공격하는 것을 막으라

때로 학생들은 회의 도중에 공격적인 모습을 보이곤 한다. 개인 간의 갈등을 문제로 다룰 때라던가 서로 의견이 엇갈릴 때 등에 그렇다. 그러나 이러한 모습은 건설적인 문제해결에 도움이 되지 않는다. 오히려 서로 감정이 상하고 관계에 금이 가기 쉽다. 악화된 관계 속에서 건설적인 회의를 갖는 것은 마치 모래 위에 집을 짓는 것처럼 어려운 일이다. 민주주의를 실천하는 학급회의는 반드시 상호 존중의 분위기를 기반으로 해야 한다. 따라서 상대방을 존중하는 마음으로 예의를 갖추는 것은 학급회의에 참여하는 기본적인 태도임을 강조할 필요가 있다. 만약 회의 도중 상대방에 대한 불만을 꼭 표현해야겠다면 나 전달법(I-message)을 권장하는 것이 좋다. 물론 나 전달법도 상대방을 존중하는 태도가 반드시 바탕이 되어야 함을 강조하여야 한다.

(4) 회의가 불평 시간이 되지 않도록 하라

학급회의에서 문제 제기는 그 문제에 대한 불만에서 시작된다. 그러므로 회의 도중 불평을 하는 모습은 어찌 보면 자연스러운 일이다. 그러나 계속해서 불평만 늘어놓는 것은 건설적인 문제해결에 도움이 되지 못할 때가 더 많다. 따라서 교사는 학생들에게 가끔씩 불평과 변화를 모색하는 것의 차이를 강조해 주는 것이 좋다.

만약 불평하는 분위기가 계속된다면 교사는 이를 생산적인 분위기로 바꾸기 위해 개입을 시도할 필요가 있다. 학생들이 불평하는 데만 열을 올리고 있다면 교사는 다음과 같이 말하며 분위기를 전환할 수 있을 것이다(Dinkmeyer et al., 2000).

• "이것은 바꾸고 싶은 모양이네요. 그렇다면 우리가 할 수 있는 것에는 어떤 것들이 있을까요?"

그럼에도 불구하고 불평이 계속된다면 다음과 같이 말해 볼 수 있을 것이다(Dinkmeyer et al., 2000).

• "선생님은 여러분이 정말로 이것을 바꾸고 싶어 하지 않는 것처럼 느껴집니다. 지금 회의가 진행되고 있지 않고 있어요. 선생님은 이것에 대해 여러분이 화가 나 있는 것을 잘 알고 있습니다. 하지만 더 생산적인 이야기로 옮겨 봅니다. 우리는 이것을 바꾸기 위해 무엇을 할 수 있을까요?"

(5) 동등한 학급 구성원이 되라

민주적 교실에서 교사와 학생은 서로 동등한 학급 구성원으로 간주된다. 이는 물론 학급회의에서도 마찬가지이다. 교사는 학생들과 동등한 위치에서 학급회의에 참여해야 한다. 만약 교사가 자신의 권위를 내세우며 회의를 통제하려 든다면 그것은 더 이상 민주적인 것이 아니다. 학생들은 교사의 태도에 눌려 위축될 것이고 교사의 눈치를 볼 것이다. 이러한 상태에서는 건설적인 회의가 일어나기 어렵다.

교사는 학생들과 동등한 위치에서 회의에 참여함으로써 학급회의가 교사가 지배하는 것이 아님을 학생들에게 느끼게 해 주어야 한다. 이를 위해서는 먼저 학급회의에서 학생들을 통제하고 싶은 유혹을 물리쳐야 한다. 특히 회의 도중 설교나 질책을 늘어놓는 것은 금물이다. 그보다는 학생들을 경청하고 공감해 주는 것이 가장 우선되어야 한다.

(6) 어떤 사람이든지 회의를 독점하지 않도록 하라

가끔씩 학급회의를 독점하는 학생들이 있다. 이러한 학생은 다른 사람의 말을 듣기보다 자기 말만 하며 관심의 중심이 되려고 한다. 하지만 학급회의는 모두를 위한 장이다. 학급회의 안에서 모든 구성원은 서로 평등하다. 이러한 평등을 바탕으로 모든 구성원의 권리는 공평하게 존중되어야 한다. 소수가 학급회의를 독점하는 것은 다른 구성원의 참여 기회를 침해할 수 있는 중대한 위험요소를 안고 있다. 따라서 교사는 학급회의가 소수에 의해서만 좌우되지 않도록 세심한 주의를 기울일 필요가 있다.

학급회의가 몇몇 학생에게만 독점되는 것을 예방할 수 있는 가장 기본적인 방법은 회의 규칙을 통해서이다. 학생들과 회의 규칙을 정할 때 다음과 같은 질문을 던지는 것이 도움이 된다.

- "만약 학급회의에서 사람들이 다른 사람의 말은 잘 듣지 않고 자기 말만 계속하려고 한다면 어떻게 될까요?"
- "만약에 학급회의에서 몇 명의 학생만 계속 말하게 된다면 어떻게 될까요?"

위와 같은 질문을 통해 이끌어진 토의는 아마도 '회의 독점하기 않기' '친구 말 경청하기' '많은 사람의 의견 들어 보기' 등의 회의 규칙으로 이어지게 될 것이다. 이러한 회의 규칙은 학급회의가 소수에 의해 독점되는 것을 막는 데 상당한 도움을 준다. 그럼에도 여전히 자기 말만 계속하려는 태도를 보이는 학생이 있다면 교사는 다음과 같은 말을 통해 자연스럽게 개입을 시도하는 것이 좋다.

- "성훈이가 자신의 생각을 구체적으로 설명해 주었네요. 이제 다른 학생들의 의견을 들어 볼까요?"
- "성훈이의 입장이 잘 이해가 됩니다. 다른 친구들의 의견도 궁금하네요."
- "성훈이 생각이 잘 전달된 것 같구나. 이제 그에 대한 다른 친구

들의 생각도 들어 보겠니?"

(7) 결정한 것을 실행에 옮기라

학급회의에서 결정된 사항은 바로 실행되어야 한다. 만일 결정된 사항이 이행되지 않는다면 학생들은 강한 불만과 허탈감을 느끼게 된다. 또한 학생들은 학급회의에 적극적으로 참여할 이유를 잃어버린다. 직접 참여하여 결정된 것이 학급에 실제로 적용될 것이라는 믿음이 없다면 학생들은 더 이상 학급회의에 참여하려 하지 않을 것이다. 반면 자신이 참여하여 결정된 사항이 바로 실천된 것을 경험한다면 학생들은 자신의 참여에 대해 커다란 보람을 느낄 것이다. 또한 학급회의의 소중한 가치를 실감하게 될 것이다. 이러한 경험은 학급회의에 대한 더욱 적극적인 참여로 이어진다. 따라서 교사는 특별한 경우가 아니라면 학급회의에서 결정된 사항이 즉시 실행될 수 있도록 노력을 기울여야 한다.

(8) 회의를 평가하라

앞에서도 언급했듯이 회의를 자체적으로 평가하는 것은 매우 중요하다. 회의 방식이나 참여 태도를 스스로 점검하고 그것을 개선할 기회가 되기 때문이다. 따라서 회의를 마무리하는 단계에서 그날의 회의에 대한 자체적인 평가 시간을 갖는 것은 매우 가치 있는 일이다.

---

1. 시간제한에 주의하라.

2. 회의를 건너뛰지 말라.

3. 개인적으로 공격하는 것을 막으라.

4. 회의가 불평 시간이 되지 않도록 하라.

5. 동등한 학급 구성원이 되라.

6. 어떤 사람이든지 회의를 독점하지 않도록 하라.

7. 결정한 것을 실행에 옮기라.

8. 회의를 평가하라.

출처: Dinkmeyer, D., McKay, G., & Dinkmeyer, D., Jr. (2000). *Systematic training for effective teaching (STET): Teacher's handbook*. Coral Springs, FL: CMTI Press.

참고문헌

경기도교육청(2014). 평화로운 학교를 위한 회복적 생활교육 매뉴얼. 경기: 경기도교육청.

Beyer, S. V. (2016). *Talking Stick: Peacemaking as a spiritual path*. Rochester, VT: Bear & Company.

Bitter, J. R., Sonstegard, M. A., & Pelonis, P. (2004). *Adlerian group counseling and therapy: Step-by-step*. New York: Brunner-Routledge.

Dinkmeyer, D., McKay, G., & Dinkmeyer, D., Jr. (2000). *Systematic training for effective teaching (STET): Teacher's handbook*. Coral Springs, FL: CMTI Press.

Dreikurs, R., Cassel, P., & Ferguson, E. D. (2004). *Discipline without tears: How to reduce conflict and establish cooperation in the classroom* (Rev. ed.). Canada: Wiley.

Dreikurs, R., Grunwald, B. B., & Pepper, F. C. (1998). *Maintaining sanity in the classroom: Classroom management techniques* (2nd ed.). Philadelphia, PA: Accelerated Development.

Fredrickson, B. L. (1998). What good are positive emotions? *Review of General Psychology, 2*(3), 300–319.

Isen, A. M. (2008). Some ways in which positive affect influences decision making and problem solving. In M. Lewis, J. M. Haviland-Jones, & L. F. Barrett (Eds.), *Handbook of emotions* (3rd ed., pp. 548–573). New York: Guilford Press.

Lasala T., Mcvittie J., & Smitha S., (2015). 학급긍정훈육법 활동편[Positive discipline classroom teacher's guide] (김성환 역) 서울: 에듀니티. (원전

은 2012에 출판)

Lew, A., & Bettner, L. B. (1998). *Responsibility in the classroom: A teacher's guide to understanding and motivating students.* Newton Centre, MA: Connexions Press.

Nelson, J., & Gfroerer, K. (2017). *Positive discipline: Tools for teachers.* New York: Harmony.

Nelson, J., Lott, L., & Glenn, J. A. (2014). 학급긍정훈육법: 친절하며 단호한 교사의 비법 [*Positive discipline in the classroom: Developing mutual respect, cooperation, and responsibility in your classroom* (4th ed.)] (김성환, 강소현, 정유진 역) 서울: 에듀니티. (원전은 2013에 출판)

Pranis, K., Stuart, B., & Wedge, M. (2003). *Peacemaking circles: From crime to community.* St. Paul, MN: Living Justice Press.

Umbreit, M., & Armour, M. P. (2010). *Restorative justice dialogue: An essential guide for research and practice.* New York: Springer Publishing Company.

Yang, J., Milliren, A., & Blagen, M. (2009). *The psychology of courage: An Adlerian handbook for healthy social living.* New York: Routledge.

Zins, J. E., Bloodworth, M. R., Weissberg, R. P., & Walberg, H. J. (2004). The scientific base linking social and emotional learning to school success. In J. E. Zins, R. P. Weissberg, M. C. Wang, & H. J. Walberg (Eds.), *Building academic success on social and emotional learning: What does the research say?* (pp. 3-22). New York: Teachers College Press.

찾아보기

내용

저자 소개

유리향(Yu Lihyang)
전남대학교 교육학 박사
현) 일동초등학교 교사
    광주교육대학교 강사
    전문상담교사 1급
    청소년상담사 2급
전) 중국 상해 한국학교 교사

선영운(Seon Youngwoon)
전남대학교 교육학 박사
현) 월곡초등학교 교사
    광주교육대학교 강사
    전문상담교사 1급

오익수(Oh Iksoo)
전남대학교 교육학 박사
현) 광주교육대학교 교수
    한국아들러상담학회 부회장
    한국상담학회 수련감독 전문상담사, APT 강사
전) 한국청소년상담원 상담교수
    한국상담학회 부회장, 광주전남상담학회 회장
    광주교육대학교 학생생활연구원장

교사를 위한 아들러 심리학
Adlerian Psychology for Teachers

2018년 6월 20일 1판 1쇄 발행
2024년 8월 20일 1판 5쇄 발행

지은이 • 유리향 · 선영운 · 오익수

펴낸이 • 김 진 환

펴낸곳 • (주) **학지사**

  04031 서울특별시 마포구 양화로 15길 20 마인드월드빌딩 5층

대표전화 • 02) 330-5114   팩스 • 02) 324-2345

등록번호 • 제313-2006-000265호

홈페이지 • http://www.hakjisa.co.kr

인스타그램 • https://www.instagram.com/hakjisabook

ISBN 978-89-997-1565-5 03180

정가 16,000원

출판미디어기업 **학지사**

간호보건의학출판 **학지사메디컬** www.hakjisamd.co.kr
심리검사연구소 **인싸이트** www.inpsyt.co.kr
학술논문서비스 **뉴논문** www.newnonmun.com
원격교육연수원 **카운피아** www.counpia.com
대학교재전자책플랫폼 **캠퍼스북** www.campusbook.co.kr